Le Guide

GÎTES DU PASSANT[MD]
AU
Québec

Bed and Breakfasts
Maisons de Campagne
Gîtes à la Ferme

AGRICOTOURS

l'atre.

Éditions Ulysse
Montréal-Québec

Direction de projet
Odette Chaput
    (Féd. Agricotours)
Claude Morneau
    (Éd. Ulysse)

Traduction anglaise
Carol Wood

Mise en page
Diane Harnois

Cartographie
Studio Bograf

Collaboration
Mathieu Arcand
Jacqueline Bell
Pascale Couture
Boudewine D'Ailey
Daniel Desjardins
Marielle Dubois
Serge Fournier
Marie-Josée Gaudreau
Jacques Hérivault
Francine Maurice
Gérald Pomerleau
Julie Potvin
Martine Potvin

Page couverture
Jean-François Bienvenue

Collaboration spéciale
Ministère du loisir, de la chasse
et de la pêche

Textes régionaux
Destination Québec,
Ministère du tourisme du Québec

Illustrations intérieures
Marie-Annick Viatour

Distribution

Distribution Ulysse
4176 St-Denis
Montréal, Québec
H2W 2M5
☎ (514) 843-9882
Fax: (514) 843-9448

Belgique:
Craenen Carto Center
Ijzerenberglaan 24
3020 Herent
☎ 16.48.00.50
Fax: 16.48.15.83

U.S.A.:
Ulysses Books and Maps
3 Roosevelt Terrace #13
Plattsburg, NY 12901
☎ (514) 843-9882
Fax: (514) 843-9448

France:
L'Astrolabe (Vilo)
46, rue de Provence
75009 Paris
☎ 1 42 85 42 95
Fax: 1 47 66 94 30

Suisse:
Diffusion Payot SA
Rue des Côtes de
Montbenon 30
Suisse CH 1002
☎ (021) 20.52.21
Fax: (021) 311.13.93

Espagne:
Altaïr
Balmes 69
E-08007 Barcelona
☎ (34-3) 323-3062
Fax: (34-3) 451-25 59

Tout autre pays, contactez Distribution Ulysse (Montréal), Fax: (514) 843-9448
Other countries, contact Ulysses Books & Maps (Montréal), Fax: (514) 843-9448

Information sur le réseau des Gîtes du Passant:
Information concerning the Gîtes du Passant network:

Fédération des Agricotours du Québec
4545, Avenue Pierre de Coubertin
C.P. 1000, Succursale M.
Montréal, Québec
H1V 3R2
(514) 252-3138

TABLE DES MATIÈRES
CONTENT

INTRODUCTION

La Fédération des Agricotours du Québec vous présente le guide des Gîtes du Passant*, Gîtes à la Ferme et Maisons de Campagne.

Faites la connaissance des régions du Québec, de ses campagnes, de ses villes et de ses habitants dans une des maisons membres de la Fédération des Agricotours. Vous serez ainsi assurés d'une qualité d'accueil car les membres-hôtes accrédités par la Fédération sont professionnels. D'ailleurs, une fois sur place, un panneau indiquant l'appartenance à Agricotours constituera pour vous l'assurance que les propriétaires de cette maison se sont conformés à des normes précises de sécurité, d'hygiène, de confort et de qualité d'accueil, et font l'objet de visites régulières par la Fédération.

Le guide est facile à consulter. Les établissements Gîtes du Passant et Gîtes à la Ferme sont classés par région touristique, puis par ordre alphabétique de municipalités à l'intérieur de chacune des régions, lesquelles sont précédées d'une carte. Pour chaque établissement on mentionne les services offerts: résidence réservée aux non-fumeurs, cartes de crédit acceptées, présence d'animaux domestiques, etc. En plus des coordonnées pour rejoindre les hôtes, une illustration vous donne une bonne idée de la configuration des lieux. La capacité d'accueil, les tarifs pour 1 ou 2 personne(s) ainsi que pour les enfants de 12 ans et moins, les périodes à tarifs réduits et les mois de relâche sont aussi indiqués.

Une description des lieux pour chaque établissement fait ressortir ses particularités et un itinéraire précis vous guidera dans vos déplacements. Pour plus d'information sur les activités à pratiquer aux attraits touristiques à proximité du gîte, un tableau vous est présenté à la fin du guide (voir p 143).

Pour ce qui est des Maisons de Campagne, veuillez vous référer à la page 128.

Enfin, n'hésitez pas à compléter les fiches d'évaluation de séjour pour faire part de vos expériences de voyage. Nous avons besoin de vos observations, suggestions, voire même vos critiques pour continuer à améliorer la qualité du réseau et des services offerts.

*Marque de commerce déposée

INTRODUCTION

Fédération des Agricotours du Québec presents the Gîtes du Passant* (Bed and Breakfasts), Farm Houses and Country Houses Guide for Québec.

Discover the regions of Québec, the country, the city and the people through member houses of the Fédération des Agricotours du Québec. You will be sure to find a warm, high quality welcome, as the members/hosts accredited by the Fédération are professionals. Upon arrival, a sign showing the membership to Agricotours is your proof that the Fédération, through regular checks, has made sure the establishment conforms to specific levels of security, hygiene, comfort and warm welcome.

The guide is easy to use. The Gîtes du Passant (Bed and Breakfasts) and Gîtes à la Ferme (Farm Houses) are classified first by tourist region, then in alphabetical order of municipality, with each section containing a map. For each establishment, the services available are listed: residence accessible to non-smokers, credit cards accepted, pets, etc. As well as the address and phone number of the hosts, an illustration is included to give an idea of the premises. The total capacity, arrangement of the rooms, prices for one or two adults and children up to twelve years old, off-peak rates and any closing times are also listed. It is important to note the rates are at the discretion of the hosts, and that once accepted into the Fédération the establishment is given guidelines for possible prices relative to the services offered.

A description of the area around each lodging brings out the special features of each one, and a precise tour will help see the region to its fullest. For more information on the activities and attractions situated near each host, please see the table at the end of the guide, (p 143).

For the Maisons de Campagne (Country Houses), please see the special section on page 128.

Finally, do not hesitate to fill out the evaluation sheets to let us know about your experiences. We need your observations, suggestions, and your criticisms to continue improving the quality of our network.

*Registered trademark

TROIS FORMULES POUR VOS VACANCES
THREE HOLIDAY PACKAGES

GÎTES DU PASSANT

Chambres d'hôtes et petit déjeuner servi dans une maison privée soit à la campagne, à la ferme, au village, en banlieue ou à la ville. Autant de gîtes, autant d'hôtes, autant de façons d'être accueilli, autant de diversité dans les services et le confort... autant de prix. Le Gîte du Passant est limité à cinq chambres par maison. Pour un court ou un long séjour, optez pour l'un des 250 Gîtes du Passant, répartis dans toutes les régions du Québec.

BED AND BREAKFASTS

This option offers bed and breakfast in a private residence in the country, on a farm, in a village, in the city or on the outskirts. There are as many different kinds of lodgings and friendly hosts as there are warm welcomes and varieties of facilities and comforts...as well as flexible prices. The Gîte du Passant offers up to five rooms per residence. For a long or a short stay, choose one of the 250 Gîtes du Passant throughout the Québec regions.

GÎTES À LA FERME

Chambres d'hôtes et pension complète ou demi-pension dans une maison de ferme. Des hôtes vous proposent la découverte d'activités en milieu agricole. Selon le type d'exploitation agricole, les animaux et les activités diffèrent. Certains Gîtes à la Ferme accueillent des enfants non-accompagnés d'adultes. Plus de 20 Gîtes à la Ferme vous convient à une expérience unique en milieu naturel (voir liste p 140).

FARM HOUSES

This fun-filled holiday package means bed and full board or half board in a farm house, where hosts invite you to discover the excitement of a farm. The activities on each farm differ according to the type of animals and farming. Certain farms will allow children without adults. With more than 20 Farm Houses in the province, the whole family can have a fun and unique holiday in a natural environment. See list p 140.

MAISONS DE CAMPAGNE

Maisons de ferme ou chalets tout équipés, pour un séjour autonome. Conçues pour l'accueil de vacanciers, ces Maisons de Campagne sont situées à proximité de la ferme ou tout simplement à la campagne, où l'on vous offre la chance de vivre des moments paisibles en accord avec la nature. Location au mois, à la semaine et à la fin de semaine. Voir p 128.

COUNTRY HOUSES

For those travellers who prefer an independent holiday, a Country House is ideal. These listings are for private, fully equipped houses or cottages either near a farm or peacefully tucked away in the country. Monthly, weekly or weekend rates allow for a custom-made heavenly escape of peaceful moments. See p 128.

UN TYPE D'HÉBERGEMENT DIFFÉRENT

Un type d'hébergement touristique différent qui a une longue histoire en Grande-Bretagne et dans plusieurs autres pays d'Europe. Un concept qui a révolutionné les habitudes de voyage et de vacances dans toute l'Amérique du Nord. Un phénomène qui s'internationalise!

À une époque où il est devenu onéreux de voyager et où tout est en train de se standardiser, on peut aussi trouver au Québec ce type d'hébergement touristique dans des maisons privées qui offrent la chambre d'ami et un copieux petit déjeuner à prix raisonnable. C'est différent de la chambre d'hôtel. C'est différent de l'accueil hôtelier.

Vous ne profiterez généralement pas d'une suite avec salle de bain privée, la chambre ne sera peut-être pas climatisée par un appareil des plus sophistiqués, les couvres-fenêtres ne seront peut-être pas aussi opaques qu'à l'hôtel, le décor ne sera pas nécessairement dans les tons de rose et gris, soit!

Mais... l'accueil ne sera pas anodin.

On vous attendra comme on attend des amis à qui on a le goût de faire plaisir, des amis à qui on a envie de faire découvrir son coin de pays; des invités à qui on portera plein d'attentions pour que leur séjour reste un événement mémorable... un moment privilégié;

On aura cueilli pour vous lilas ou marguerites;

On vous procurera des renseignements de «première main» sur la région, sur les activités de l'heure, sur des petits coins méconnus;

On vous racontera l'histoire, les légendes, les «sonorités» régionales;

On vous servira un petit déjeuner généreux...on aura souvent fait mijoter les confitures, boulangé le pain, cueilli les oeufs frais ou fricotté sa recette des grands jours;

On sera bon gardien de vos effets personnels et si vous en oubliez, on fera des pieds et des mains pour vous permettre de les récupérer.

Tout ça et plus dans les Gîtes du Passant et Gîtes à la Ferme accrédités par la Fédération des Agricotours du Québec.

A DIFFERENT TYPE OF ACCOMMODATION

As a type of tourist lodging with a long history in Great Britain and Europe, bed and breakfast is a concept that is beginning to revolutionize travelling and vacationing habits throughout North America. We are part of a growing international phenomenon!

At a time when travelling has become expensive and every aspect is being standardized, this type of accommodation, in private homes offering a guest room and hearty breakfast at reasonable prices, is a welcome change in Québec.

From the moment you arrive, you will realize this is not a hotel and these are not hotel rooms.

You may not stay in a suite with a private bathroom; your room may not be air-conditioned by the most sophisticated equipment; the window coverings may not block the light as well as those in a hotel; and the decor will not necessarily be colour-coordinated in shades of pink and grey, but... the welcome you receive will be far from bland.

Your hosts will await you as if you were a special friend, someone they want to help explore their part of the world; guests who will receive their full attention, making your stay a special time to remember.

Your hosts will pick fresh flowers for you; provide you with first hand information about the area, current activities and little-known sites; recount the history and legends of the region; and explain its sights and sounds.

You will enjoy hearty breakfasts; often, your hosts will have simmered jam, baked bread, gathered fresh eggs or cooked up a special family recipe just for your enjoyment.

Your belongings will be kept safe, and if you forget anything, everything possible will be done to return it to you.

All this, and more, awaits you in the Bed and Breakfasts and Farm Houses accredited by Fédération des Agricotours du Québec.

RÉSERVATIONS

Il est toujours préférable de réserver quelques temps à l'avance afin de s'assurer de la place disponible. Pour réserver, contactez directement l'hôte par courrier ou par téléphone. Étant donné que chaque endroit est fort différent, il est généralement recommandé de convenir avec votre hôte: du nombre de lits à prévoir, du type d'occupation désiré (simple, double, triple...), des possibilités de se restaurer à proximité du gîte, de l'heure de votre arrivée, de l'heure précise jusqu'à laquelle votre réservation sera maintenue en cas de retard et du type de paiement accepté. Prévoyez généralement des chèques de voyage ou de l'argent comptant. Les endroits qui acceptent des cartes de crédit sont indiqués par l'un des pictogrammes suivants: VS (Visa) ou MC (Master-Card). Aussi, si vous avez certaines contre-indications (ex: vous êtes allergique aux animaux domestiques), il est fortement recommandé de le préciser avant de réserver.

DÉPÔT ET ANNULATION

Un dépôt de 40% ou minimum 20$ peut être exigé pour confirmer une réservation. Le solde sera versée lors du séjour.

En cas d'annulation, il est conseillé de remettre la réservation à une date ultérieure afin de ne pas perdre son dépôt. Les sommes d'argent prévues et reçues en guise de dépôt seront conservées par l'hôte à titre de dommages et intérêts liquidés, selon la règle suivante:

Entre 16 et 21 jours: des frais de 10$ seront retenus.

Entre 8 et 15 jours: des frais de 50% du dépôt seront retenus (minimum 20$).

Sept jours et moins avant le début du séjour: le montant total du dépôt sera retenu.

TARIFS

Quoique le guide fasse l'objet d'une révision complète à chaque année, tous les renseignements contenus dans celui-ci peuvent être sujets à changement sans préavis. Toutefois, les tarifs indiqués à chacun des établissements sont fixés jusqu'au 31 mars 1993.

Le client peut s'attendre à payer la taxe fédérale de 7% sur les produits et services mais il est possible qu'il en soit exempté selon l'achalandage de l'endroit. Informez-vous auprès des propriétaires.

RESERVATIONS

To be sure of getting the size and type of accommodation you wish, it is always advisable to reserve in advance. For reservations, contact the establishment directly by mail or by telephone. Since each place is different, it is usually a good idea to confirm details with your host: the type of room, the number of beds per room, whether single or double beds, what restaurant facilities are nearby, what time you plan to arrive, up until what time your reservation should be held in case of delay, what forms of payment are accepted, etc. Generally, you should plan on paying with traveller's cheques or cash. The establishments which accept credit cards are indicated by the following pictograms: VS (Visa) or MC (Master-Card). As well, if you have any conditions which might prove important (for example, if you are allergic to pets), it is strongly recommended you mention it to your hosts before making your reservations.

DEPOSIT AND CANCELLATION

A deposit of 40% or $20 may be required to confirm a reservation. The balance of the fee will be paid during your stay.

If a cancellation is unavoidable, it is recommended you reschedule the trip rather than lose the deposit. Part of or all of the money received by the host as a deposit may be retained as compensation, according to the following rules:

16 to 21 days' notice: $10 non-refundable.

8 to 15 days' notice: 50% of deposit (minimum $20) non-refundable.

7 or fewer days' notice: entire deposit non-refundable.

PRICES

All information in this guide is subject to change without notice. However, the prices listed for each establishment are valid until March 31, 1993.

This guide is completely revised each year.

Customers might be expected to pay the federal Goods and Services Tax (7%) in busier places, or might be exempt in a quieter location. Ask when making your reservation.

TABLEAU DES SYMBOLES
SYMBOL TABLE

| F | Français parlé couramment
French spoken fluently |
| a | Anglais parlé un peu
Some English spoken |

F Français parlé couramment
   French spoken fluently

f Français parlé un peu
   Some French spoken

A Anglais parlé couramment
   English spoken fluently

a Anglais parlé un peu
   Some English spoken

◌ Accessible aux non-fumeurs seulement
   Non-smokers only

♿ Accessible aux personnes handicapées
   Accessible to disabled

🐕 Présence d'animaux domestiques
   Pets on the premises

🚗 Accueil au transport public
   Shuttle from public transportation

℟12 Distance (km) restaurant le plus près
    Distance (km) to nearest restaurant

VS Carte Visa acceptée
    Visa accepted

MC Carte Master Card acceptée
    Master Card accepted

🏠 Gîte à la ferme (voir liste p 140)
   Farm house (see p 140)

M5 Dist. (km) marché d'alimentation
    Distance (km) nearest grocery store

👤 Enfants non-accompagnés bienvenus
   Unaccompanied children welcome

COMMENT UTILISER CE GUIDE
HOW TO USE THIS GUIDE

Les Gîtes vous sont présentés selon le format suivant :
The establishments are presented in the following way :

1 ÎLE NEPAWA ①　　　②	FA 🐾 🛏 ♀ ℛ30 ✑

On one of the three thousand islands on Lake Abitibi come and stay with Québécois of German origin. We raise cows, goats and riding horses. Swimming, hunting and fishing.

From Rouyn, Rte. 101 towards LaSarre. Approximately 3 km past LaSarre, follow signs for Ste-Hélène and, after, signs for the Island (gravel road). It is the first house on the right after the bridge.

FERME VACANCES
Hélène et Herman Wille
695, R.R. #1
Ste-Hélène-de-Mancebourg
J0Z 2T0

③ $ 20-23, $$ 30-33 ● 5-10

(1er : 2 ch) (2 sb) ④

⑤ J F M A M J J A S O N D

Sur une des 3000 îles du lac Abitibi, venez vivre avec des Québécois d'origine germanique. Nous élevons bovins, chèvres et chevaux d'équitation. Activités nautiques, chasse et pêche.

De Rouyn, rte 101 vers LaSarre. Environs 3 km après LaSarre, suivre les indications pour Ste-Hélène et ensuite pour l'île (route gravelée). C'est la 1ère maison à droite après le pont de l'île.

Légende / *Key:*

① Localité où se situe le Gîte. Le numéro correspond à celui apparaissant sur la carte régionale.
Location of the establishment. The number corresponds to the one shown on the regional map.

④ ch : Nombre de chambres disponibles
Number of rooms available
sb : Nombre de salles de bain partagées ou privées disponibles (salle de bain, salle d'eau, salle de douche)
Number of private or shared bathrooms available (full bath., half bath., shower only)

SS : Sous-sol
Basement
Rc : Rez-de-chaussée
ground floor
1er : 1er étage
1st floor
2e : 2e étage
2nd floor
Exemple :
1er : 2ch : Nombre de chambres disponibles par étage
Number of rooms per floor.

② Langues parlées et services offerts. Voir le tableau des symboles sur la page précédente.
Languages spoken and services offered. Refer to the symbol table on the page before.

③ Tarifs / *Rates*

$ Tarif pour 1 pers.(Gîte du Passant)
Rate for 1 person (Bed & Breakfast)
$$ Tarif pour 2 pers. (Gîte du Passant)
Rate for 2 people (Bed & Breakfast)
● Tarif enfant (12 ans et moins) partageant chambre des parents
Rate for children (12 and under) sharing parent's room.

⑤ Calendrier d'ouverture :
Months of operation :

Blanc	Indique les mois d'ouverture	
White	*Months open*	
Noir	Indique les mois de fermeture	
Black	*Months closed*	
Gris	Mois où une réduction de court ou long séjour est applicable en Gîte du Passant	
Grey	*Months where short or long term reductions are applicable for Bed & Breakfast*	

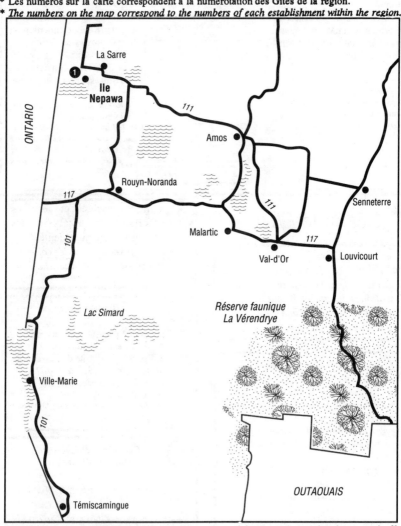

ABITIBI TÉMISCAMINGUE

* Les numéros sur la carte correspondent à la numérotation des Gîtes de la région.
* *The numbers on the map correspond to the numbers of each establishment within the region.*

La Sarre

1

Ile Nepawa

111

Amos

Rouyn-Noranda

117

ONTARIO

101

Senneterre

Malartic

111

117

Val-d'Or

Louvicourt

Lac Simard

Réserve faunique La Vérendrye

Ville-Marie

101

Témiscamingue

OUTAOUAIS

Searching for a region off the beaten path, visitors find many attractions and extra-ordinary hunting and fishing opportunities. Here is a special corner with an invitation to experience the beautiful unspoiled wilderness.

Une région hors des sentiers battus, qui offre des attractions et des expéditions de chasse et de pêche peu ordinaires. Une invitation à vivre une belle aventure dans une nature demeurée authentique.

1 ÎLE-NEPAWA

F A 🐴 🚗 👤 ℛ30 🚪

On one of the three thousand islands on Lake Abitibi come and stay with Québecois of German origin. We raise cows, goats and riding horses. Swimming, hunting and fishing.

From Rouyn, Rte. 101 towards LaSarre. Approximately 3 km past LaSarre, follow signs for Ste-Hélène and, after, signs for the Island (gravel road). It is the first house on the right after the bridge.

FERME VACANCES
Hélène et Hermann Wille
695, R.R. #1
Ste-Hélène-de-Mancebourg
J0Z 2T0
(819) 333-6103

$ 20-23, $$ 30-33, ☻ 5-10
(1er : 3 ch) (2 sb)

J F M A M J J A S O N D

Sur une des 3000 îles du lac Abitibi, venez vivre avec des Québécois d'origine germanique. Nous élevons bovins, chèvres et chevaux d'équitation. Activités nautiques, chasse et pêche.

De Rouyn, rte 101 vers LaSarre. Environ 3 km après LaSarre, suivre les indications pour Ste-Hélène et ensuite pour l'île (route gravelée). C'est la 1ère maison à droite après le pont de l'île.

BAS ST-LAURENT

* Les numéros sur la carte correspondent à la numérotation des Gîtes de la région.
* The numbers on the map correspond to the numbers of each establishment within the region.

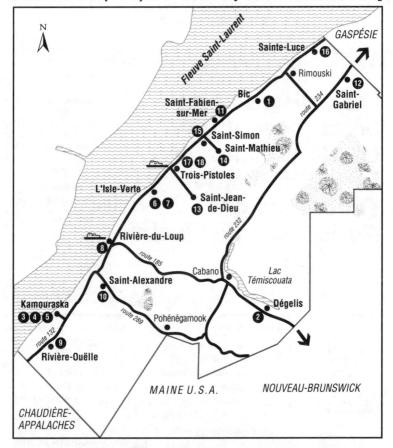

This river region, spotted with ancient manors, many islands and picturesque villages, offers cultural, sports and recreational activities for all tastes.

Une région fluviale, ponctuée de manoirs anciens, de nombreuses îles et de villages pittoresques, qui offre des activités culturelles, sportives et récréatives pour tous les goûts.

1 BIC

F A ⊘ ℜ 1 VS

On the shore of the St-Lawrence, in Bic Bay with an impressive view of Bic park, a warm welcome awaits you in our century-old house. From our garden and our magnificent porch, you can observe sea birds following the eternal movement of the tides. Non-smokers only.

From Québec City, Hwy. 20 East, Rte. 132 to Bic. Turn off Rte. 132 towards the golf club. Past the golf club, once on the point, ours is the last house on the left.

AUX CORMORANS
Judy Parceaud
Pointe-aux-Anglais
Bic G0L 1B0
(418)736-8113/(418)736-3363

$ 40, $$ 50, ● 10
(1er : 5 ch) (3 sb)

J F M A M J J A S O N D

Au bord du fleuve dans la baie du Bic, vue impressionante du parc du Bic, nous vous réservons un accueil chaleureux dans notre maison centenaire. De notre jardin et galerie grandiose, vous observerez les oiseaux marins et l'éternel mouvement des marées. Gîte non-fumeur.

De Québec, aut. 20 est et rte 132 jusqu'au Bic. Prendre le chemin du golf. Après le terrain de golf, en arrivant sur la pointe, c'est la dernière maison à gauche.

2 DÉGELIS

F a 🚐 ℜ 0.2

A warm welcome awaits you in our beautiful lake country. Flower and vegetable gardens will delight you. Relaxation guaranteed. Separate entrance, parking, living room, fridge and t.V. Generous good breakfast. We will be happy to have you.

From Québec City, Hwy. 20 East to Rivière-du-Loup, and Rte. 185 South. At Dégelis, first exit on the left on Rue Principale From New Brunswick, Rte. 185 North. At Dégelis, first exit on the right on Rue Principale.

Monique et André Lavoie
C.P. 625
513 rue Principale,
route 185 sud
Dégelis G0L 1H0
(418) 853-3324

$ 30, $$ 50, ● 15-20
(1er : 3 ch) (1 sb)

J F M A M J J A S O N D

Au doux pays des lacs, nous vous attendons chaleureusement. Jardins, potager et fleurs égaieront votre séjour. Repos assuré. Entrée indépendante, stationnement, salle de séjour, frigo et T.V. Bon déjeuner copieux. Au plaisir de vous recevoir.

De Québec, aut. 20 est jusqu'à Rivière-du-Loup et rte 185 sud. À Dégelis, 1ère sortie à gauche sur rue Principale. Ou du Nouveau-Brunswick, rte 185 nord. À Dégelis, 1ère sortie à droite sur la rue Principale.

3 KAMOURASKA

F ℜ 1.2

In the heart of the village of Kamouraska, house on the banks of a river with a private entrance. I invite you to visit our beautiful corner of the country, admire our superb sunsets and listen to the waves from the sea, take in the calm, relaxing atmosphere. Good breakfast.

From Québec City, Hwy. 20 East, Exit 465 to Kamouraska. Once in the village, left on Morel Avenue (Rte. 132). The second house after the church, on the river side.

Laurence Dionne
92 avenue Morel, route 132
Kamouraska G0L 1M0
(418) 492-2916

$ 25, $$ 35, ● 5-10
(rc : 4 ch) (2 sb)

J F M A M J J A S O N D

Au coeur du village de Kamouraska, maison en bordure du fleuve avec sortie privée. Je vous invite à visiter notre beau coin de pays, admirez nos superbes couchers de soleil, écoutez les vagues de la mer, profitez de l'ambiance reposante. Bon déjeuner.

De Québec, aut. 20 est, sortie 465 vers Kamouraska. Au village, à gauche sur ave. Morel (rte 132). 2e maison après l'église, côté du fleuve.

4 KAMOURASKÁ   F a

A warm welcome awaits in this century old house. In K"amour"aska, nature lovers will be impressed by the sunsets over the sea and the view of the surrounding fields and woods. Gourmet breakfast.

Mariette LeBlanc
81 avenue Morel, route 132
Kamouraska G0L 1M0
(418) 492-2921

Un accueil chaleureux vous attend dans la maison centenaire. À K«amour»aska, les amants de la nature seront comblés par les couchers de soleil sur la mer et la vue sur les champs et bosquets environnants. Petit déjeuner de gourmets.

From Québec City, Hwy. 20, Exit 465. Drive 5 km towards Kamouraska. Once in the village, left on Morel Avenue (Rte. 132). The second house after the church, on the same side of the street.

$ 25, $$ 35 , ☻ 5-10
(rc : 1 ch, 1er : 2 ch) (3 sb)

J F M A M J J A S O N D

De Québec, aut. 20, sortie 465. Faire 5 km vers Kamouraska. Au village, à gauche sur ave. Morel (rte 132).   La 2e maison après l'église, du même côté.

5 KAMOURASKA   F a 🚐 ℛ2 VS MC

At the house near the "Palais", come and experience the comfort of a night spent next to the river, including healthy breakfast, in our charming three hundred year-old village. Come and breathe the fresh sea air and admire our magnificent sunsets. Restaurant close to the museum.

GÎTE FACE AU PALAIS
Françoise Pelletier Gosselin
124 avenue Morel, route 132
Kamouraska G0L 1M0
(418) 492-9273

À la maison près du «Palais» goûtez au doux confort d'une nuit passée près du fleuve et savourez un déjeuner sain. Dans notre charmant village tricentenaire, venez respirer l'air salin et admirer nos magnifiques couchers de soleil. Restaurant et musée à proximité.

From Québec City, Hwy. 20 East, Exit 465. In the village, left on Morel Avenue (Rte. 132). Drive 1 km. Opposite the old Court House, corner of Morel and du Quai.

$ 25, $$ 35, ☻ 6-10
(rc : 1 ch, 1er : 2 ch) (2 sb)

J F M A M J J A S O N D

De Québec, aut. 20 est, sortie 465. Au village, à gauche sur ave. Morel (rte 132). Faire 1 km. Face à l'ancien palais de justice, coin ave. Morel et du Quai.

6 L'ISLE-VERTE   F a 🐕 🚐 ℛ5 🍴

Dairy farm, warm and reserved welcome. Peaceful location, comfortable. Excellent cuisine, garden vegetables. Home-made bread, muffins, and jams. We love guests and are interested in people from other places. Whale watching at Rivière-du-Loup and Trois-Pistoles. We also offer a farm vacation.

Marie-Anna Lafrance
368, rang 3
L'Isle-Verte G0L 1K0
(418) 898-3276

Ferme laitière, accueil chaleureux et réservé. Endroit paisible. Excellente cuisine, légumes du potager. Pains, muffins et confitures maison. Apprécions la venue des étrangers. Croisières aux baleines à Rivière-du-Loup et Trois-Pistoles. Aussi, nous offrons le séjour à la ferme.

From Québec City, Hwy. 20 East, Rte. 132 East, Isle-Verte Exit. At the Caisse Populaire, Rte. Notre-Dame toward St-Paul-de-la-Croix. Drive 5 km. Left on Rang 3 East for 0.7 km.

$ 30, $$ 38-43, ☻ 10-12
(1er : 3 ch) (2 sb)

J F M A M J J A S O N D

De Québec, aut. 20 est, rte 132 est, sortie Isle-Verte. À la Caisse Populaire rue Notre-Dame, direction St-Paul-de-la-Croix, faire 5 km. À gauche au rang 3 est, faire 0.7 km.

7 L'ISLE-VERTE   F 🚐 🍴6 🌾

We have a breathtaking view of the St. Lawrence River. Our home is calm and relaxing, visit to a dairy and horticultural farm, strawberries and raspberries. You will be a welcome guest - make yourself at home! We love children.

From Québec City, Hwy. 20 East, Rte. 132, St-Eloi Exit. After the railway tracks, right on Chemin Pettigrew. Drive 1.2 km.

FERME CÔTE D'OR
Raymonde et Yvon Pettigrew
623 chemin Pettigrew
L'Isle Verte G0L 1K0
(418)898-6147/(418)898-2993

$ 30, $$ 42, ☻ 10
(1er : 3 ch) (2 sb)
J F M A M J J A S O N D

Nous avons une superbe vue sur le fleuve St-Laurent «à en couper le souffle». Endroit tranquille et reposant, visite d'une ferme laitière et horticole, fraises, framboises. Vous serez les bienvenue chez nous. Chez nous, c'est chez vous. Bienvenue aux enfants.

De Québec, aut. 20 est, rte 132, sortie St-Éloi. Après la voie ferrée, à droite sur le chemin Pettigrew. Faire 1.2 km.

8 RIVIÈRE-DU-LOUP   F A 🐕 🚐 🍴1.2

Close to the river in a peaceful area, an older couple - new age oriented - and a big happy cat have a warm welcome for you. Relax in the common living room. Calm atmosph. Access river bank. Well water. Generous, healthy breakfast. Arrival: 5 pm. to 10 pm. Dept.: 10 am.

From Québec City, Hwy. 20 East, Exit 507. Right on Rte. 132 East for 4 km. From New Brunswick Exit Fraserville follow Rimouski direction. At St. Hubert BBQ, drive for 4 km on Rte 132 East. From ferry, drive 4.8 km on Rte 132 East.

LE NOUVEAU JARDIN
Louiselle Levesque et
Paul Beaulieu
280 Anse-au-Persil, rte 132
St-Patrice-de-Rivière-du-Loup
G5R 3Y5 (418) 862-9494

$ 30-32, $$ 45-48, ☻ 10
(1er : 3 ch) (2 sb)
J F M A M J J A S O N D

Bord du fleuve/paisible. Couple âgé d'esprit planétaire, et bon gros chat vous accueillent avec chaleur. Déjeuner sain et copieux. Salon commun. Ici chacun est important. Ch. pour 6 pers. avec s.b. privée. Arrivée: 17h00 à 22h00. Départ: 10h00.

De Québec, aut. 20 est, sortie 507. Rte 132 est à droite, faire 4 km. Ou des Maritimes, sortie Fraserville. Suivre direction Rimouski. Ou du bateau, rte 132 est sur 4.8 km. Ou de Rimouski, rte 132 ouest.

9 RIVIÈRE-OUËLLE   F a 🚐 🍴1

A warm welcome awaits. Come and spoil yourself the Québecois way! Comfortable rooms, Canadian food, regional activities, cormorant sightings. We love to communicate. Ample breakfast, home-made jam, crêpes often served. Welcome.

From Québec City, Hwy. 20 East, Exit 444 towards Rivière Ouëlle. Rte. 132 East. Straight for 1 km. Left before the bridge, follow the river, drive 0.5 km.

LA MAISON PRÈS DE LA RIVIÈRE
Marcelle et Ernest Lavoie
122 rang Éventail
Rivière Ouëlle G0L 2C0
(418) 856-1709

$ 25, $$ 35, ☻ 5-10
(rc : 2 ch) (1 sb)
J F M A M J J A S O N D

Un accueil chaleureux vous attend. Venez vous faire gâter à la mode des Québécois. Chambres confortables, nourriture canadienne, activités régionales, site des Cormorans. Nous voulons communiquer. Déjeuner copieux: confitures maison, crêpes à l'occasion.

De Québec, aut. 20 est, sortie 444 vers Rivière-Ouëlle. Rte 132 est, faire 1 km. À gauche avant le pont, longer la rivière, faire 0.5 km.

10 ST-ALEXANDRE, KAMOURASKA   F a 🚗 ℜ0.3

Spend your holidays in the beautiful ancestral home of Marie-Alice Dumont, first professional photographer in Eastern Québec. Mouth-watering breakfasts served in front of the stained-glass window of the former photography studio.

From Québec City, Hwy. 20 East, Exit 488 towards St. Alexandre. The house with the blue roof is in the village, at the intersection of Rtes. 230 and 289, near the large cross.

LA MAISON AU TOIT BLEU
Daria et Origène Dumont
490 avenue St-Clovis
St-Alexandre G0L 2G0
(418)495-2701/(418)495-2368

$ 28, $$ 38, ☻ 10
(1er : 3 ch) (2 sb)

J F M A M J J A S O N D

Bon séjour dans la belle maison ancestrale où a vécu Marie-Alice Dumont, première photographe professionnelle de l'est du Québec. Succulents déjeuners servis devant la verrière de l'ancien studio de photographie. Accueil plus que chaleureux.

De Québec, aut. 20 est, sortie 488 vers St-Alexandre. La maison au toit bleu est située dans le village, à la croisée des rtes 230 et 289, près de la grande croix.

11 ST-FABIEN-SUR-MER   F a 🚗 ℜ5

Between the sea and the mountains, in the heart of the enchanting parc du Bic, sunny house full of fresh air halfway between Trois-Pistoles and Rimouski. Discover this area with the help of hosts with over thirty years' experience.

From Trois-Pistoles, Rte. 132 East to St-Fabien. At the "Bon Voyage" restaurant, take the road along the water. At the bottom of the hill, turn right and drive 2 km. We are at the centre of the bay.

GÎTE DE L'ÎLET AU FLACON
Jeanne St-Louis et Gilles Roy
95 St-Fabien-sur-mer est
St-Fabien-sur-mer G0L 2Z0
(418) 869-2987

$ 35, $$ 45, ☻ 10
(1er : 3 ch) (2 sb)

J F M A M J J A S O N D

Entre la mer et la montagne, au coeur du site enchanteur du parc du Bic, maison de soleil et d'air pur à mi-chemin entre Trois-Pistoles et Rimouski. Région merveilleuse à découvrir avec des hôtes qui y sont engagés depuis 30 ans. Accueil chaleureux.

De Trois-Pistoles, rte 132 est jusqu'à St-Fabien. Au restaurant «Bon Voyage», prendre route de la mer. Au bas de la côte, tourner à droite et faire 2 km. Nous sommes situés au centre de la baie.

12 ST-GABRIEL, RIMOUSKI   F A ⃠ ℜ1.5

Welcome to our sheep farm. You like nature, fresh air and good breakfasts. Take advantage of the country at its best in every season. Close to salmon and trout fishing, the botanical gardens Jardins de Métis and horseback riding. 7 km to a ski center (Mont Comi). Lodging: $250/week.

30 minutes from Rimouski, Rte. 132 East, Rte. 298, right on Rte. 234.

BERGERIE FLEURIAULT
Marthe Lévesque
et Réal Parent
154 Principale, route 234
St-Gabriel G0K 1M0
(418) 798-4315

$ 30, $$ 40, ☻ 10
(1er : 1 ch) (2 sb)

J F M A M J J A S O N D

Vous aimez la nature, le plein air et les bons déjeuners, bienvenue à notre bergerie. Profitez de la campagne à son meilleur en toute saison. À proximité: pêche au saumon et à la truite, Jardins de Métis et randonnée équestre. À 7 km du centre de ski Mont Comi. Aussi, forfait à la semaine: 250 $.

À 30 minutes de Rimouski, rte 132 est, rte 298 et rte 234 à droite.

13 ST-JEAN-DE-DIEU   F 🐕 🚗 ℜ4 🍴

Family with children 10, 14 and 17 years old, all happy to have you as our guests. Dairy farm with small animals: ducks, rabbits, sheep, goats, deer... Crêpes with maple syrup. A warm atmosphere and healthy food for your vacation. 20 minutes from the river.

From Québec City, Hwy. 20 East, Rte. 132 East to Trois-Pistoles. Rte. 293 South to St-Jean-deDieu. Drive 4 km past the church.

LA FERME PAYSAGÉE
Gabrielle et Régis Rouleau
121 route 293 sud
St-Jean-de-Dieu G0L 3M0
(418) 963-3315

$ 30, $$ 35, ☻ 5
(1er : 3 ch) (2 sb)

J F M A M J J A S O N D

Famille avec enfants de 10, 14 et 17 ans, tous heureux de vous recevoir. Ferme laitière et petits animaux: canards, lapins, moutons, chèvres, chevreuils... Crêpes au sirop d'érable. Une chaude atmosphère et une nourriture saine pour vos vacances. 20 min. du fleuve.

De Québec, aut. 20 est, rte 132 est jusqu'à Trois-Pistoles. Rte 293 sud jusqu'à St-Jean-de-Dieu. Faire 4 km après l'éxlise.

14 ST-MATHIEU, RIMOUSKI   F A 🚫 ♿ 🚗 ℜ7

Far from the whirlwind of civilization, this spacious establishment bathed in sunlight is an invitation to the wilderness where forests and lakes reign supreme. Soundproofed rooms, bathrooms. Home-made bread and other products. 12 km from Rte. 132. Swimming. Non-smokers only.

From Québec City, Hwy. 20 East, Rte. 132 East to St-Simon. After the village, turn right towards St-Mathieu. Cross the village going East. Right towards St-Eugène. After 2.1 km, turn left.

LA MAISON DES ÉGLANTIERS
Jocelyne Bruneau
300 rang 4 est
St-Mathieu G0L 3T0
(418) 738-2822

$ 30, $$ 45, ☻ 5-10
(rc : 1 ch, 1er : 2 ch) (3 sb)

J F M A M J J A S O N D

Isolé des tourbillons de la civilisation, ce spacieux gîte, baigné de lumière vous invite dans une nature sauvage où forêt et lacs dominent. Chambres insonorisées, lavabos. Produits et pain maison. À 12 km de la rte 132. Baignade, planche à voile. Gîte non-fumeur.

De Québec, aut. 20 est, rte 132 est jusqu'à St-Simon. Fin du village, à droite vers St-Mathieu. Traverser le village vers l'est. À droite vers St-Eugène. À 2.1 km tourner à gauche.

15 ST-SIMON, RIMOUSKI   F A 🚗 ℜ0.5

My dearest, I am writing to you after a superb breakfast and a very restful night. This place is nearly a hundred years old, with large, clean rooms. I feel like one of the family. And less than one km from Rte. 132! Definitely a place to recommend. Forever yours.

From Québec City, Hwy. 20 East, Rte. 132 East to St-Simon-de-Rimouski. Follow Rue de l'Église to #39. The house is located behind the church.

GÎTE DE LA REINE-CLAUDE
L. Bigras et M. Généreux
39 rue de l'Église
St-Simon G0L 4C0
(418) 738-2609

$ 28, $$ 40, ☻ 10-12
(1er : 3 ch) (2 sb)

J F M A M J J A S O N D

Bonjour mon amour! Je t'écris après un déjeuner renversant et une nuit très reposante. Ce Gîte quasi centenaire offre de belles chambres spacieuses et propres. Ici, on fait partie de la famille. À moins de 1 km de la route 132, en plus! À recommander. Je t'aime.

De Québec, aut. 20 est, rte 132 est jusqu'à St-Simon-de-Rimouski. Prendre rue de l'Église jusqu'au 39. La maison est située derrière l'église.

16 STE-LUCE   F 🐕 🚗 ℜ9

Dairy farm 7 km from the beach, 17 km from the botanical gardens Jardins de Métis. Home-made bread and jam. Magnificent sunsets. Generous breakfasts. It will be a pleasure to have you as our guests.

From Québec City, Hwy. 20 East, Rte. 132 to Junction 298. Go in the direction of Luceville for 3 km. At the traffic lights, turn left on Rue St-Pierre, which becomes Rang 2 East. Drive 4 km.

Béatrice et Joël Lavoie
265 rang 2 est
Ste-Luce G0K 1P0
(418) 739-4998

$ 30, $$ 40, ☻ 5-10
(1er : 3 ch) (2 sb)
J F M A M J J A S O N D

Ferme laitière à 7 km de la plage, 17 km des Jardins de Métis. Confitures et pain maison. Magnifiques couchers de soleil. Déjeuners copieux. Au plaisir de vous recevoir.

De Québec, aut. 20 est, rte 132 jusqu'à jonction 298 direction Luceville, faire 3 km. Aux feux de circulation, à gauche rue St-Pierre qui devient le rang 2 est. Faire 4 km. Ferme avec 2 gros silos.

17 TROIS-PISTOLES   F 🚗 ℜ4

Warm century old house furnished with antiques. Surrounded by flowers and trees, where a multitude of birds sing their songs. Excursions to Ile aux Basques and for whale watching nearby. Come take a walk in the fresh air and taste our delicious food.

From Québec City, Hwy. 20 East, Rte. 132 East to Trois-Pistoles. Rte. 293 South, drive 1 km, right on "rang 2 West", drive 2.7 km. Stone house on the left.

LE TERROIR DES
BASQUES
M. et P.-P. Belzile
65 Rang 2 Ouest
Trois-Pistoles G0L 4K0
(418) 851-2001

$ 35, $$ 45, ☻ 0-10
(1er : 3 ch) (2 sb)
J F M A M J J A S O N D

Chaleureuse maison centenaire meublée d'antiquités. Site entouré de fleurs et d'arbres, où de nombreux oiseaux nous fredonnent leur mélodie. Excursions à l'Ile aux Basques et aux baleines à proximité. Nous vous invitons à une promenade en plein air et à de la bonne «bouffe».

De Québec, aut. 20 est, rte 132 est jusqu'à Trois-Pistoles. Rte 293 sud, faire 1 km, à droite au rang 2 ouest, faire 2.7 km. Maison en pierre à gauche.

18 TROIS-PISTOLES   F A 🐩 ℜ8

Ideal place to rest with beautiful view of the St-Lawrence river and located on a quiet road in a peaceful countryside. Enjoy foods from our organic garden. Our home cooking is unforgettable.

From Québec city, Hwy. 20 East, Rte. 132 East to Trois-Pistoles. Rte. 293 south for 2 km. Left at "rang 2 East" and proceed 6 km to house.

VERGER FRAN-NOR
Francine Charlebois et
Normand Picard
159 rang 2 est
Trois-Pistoles G0L 4K0
(418) 851-4663

$ 35, $$ 45, ☻ 0-10
(rc : 1 ch, 1er : 2 ch) (2 sb)
J F M A M J J A S O N D

Au bout du rang, une paix champêtre et un accueil familial vous attend. Une halte qui regarde le fleuve. Promenade dans le verger ou dans les bois, suivez les sentiers à pieds ou en bicyclette. Un petit déjeuner maison qui n'a rien de petit.

De Québec, aut. 20 est, rte 132 est jusqu'à Trois-Pistoles. Rte 293 sud, faire 2 km. À gauche au rang 2 est, faire 6 km. Dépassez l'indication «cul-de-sac».

AGRICOTOURS

Guide très pratique et très clair. Bravo ! Deux séjours à la ferme extraordinaires.

Outremont

Hôtesse très accueillante et des plus chaleureuses. La maison était d'une propreté exceptionnelle et ses petits déjeuners étaient tout simplement délicieux.

Joliette

Continuez en ce sens, vous contribuez à perpétuer l'hospitalité proverbiale du Québecois.

Québec

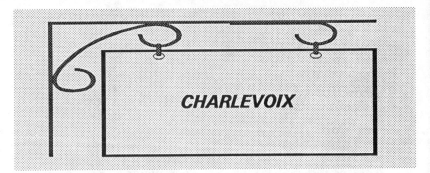

CHARLEVOIX

* Les numéros sur la carte correspondent à la numérotation des Gîtes de la région.
* *The numbers on the map correspond to the numbers of each establishment within the region.*

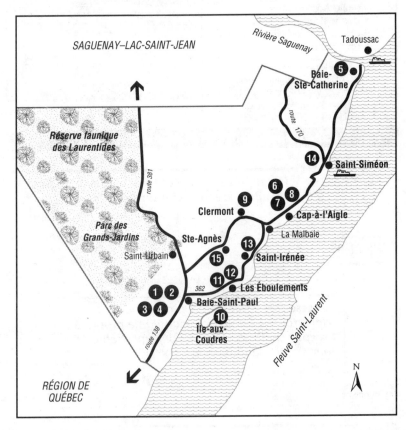

Its large vistas, source of inspiration for many artists, enhance this corner of the country, where the warm welcome and fine cuisine are old traditions. Sports and culture also play a strong part in the heritage of this region.

☛ *Members of the Regional Tourist Association of Charlevoix.*

Des paysages grandioses, source d'inspiration de nombreux artistes, un coin de pays où l'accueil et la gastronomie sont une vieille tradition. Sports et culture sont aussi de la partie.

☛ Membre de l'Association touristique régionale de Charlevoix.

1 BAIE-ST-PAUL

F A 🐾📷🚐 ℜ0.2 VS MC

In the heart of Baie-St-Paul, a warm and welcoming century old house with a garden and terrasse. Generous breakfasts, with home-made bread and jam. Pretty village, nature, boutiques, galleries, restaurants. Ideal for a longer stay.

100 km from Québec City towards Ste-Anne-de-Beaupré, Rte. 138 East. At Baie-St-Paul, turn right on Rte. 362, at church turn left. Or from La Malbaie, Rtes. 138 or 362 West.

☞LA MUSE
Evelyne, Maude et Robert
39 St-Jean-Baptiste
Baie-St-Paul G0A 1B0
(418) 435-6839

$ 40, $$ 50-55, ☻ 0-15
(rc : 1 ch, 1er : 4 ch) (2 sb)

J F M A M J J A S O N D

Au coeur de Baie-St-Paul, maison centenaire accueillante et confortable en retrait avec jardin et terrasse. Petits déjeuners copieux, pains et confitures maison. Joli village, nature, boutiques, galeries, restaurants. Idéal pour long séjour.

De Québec, 100 km, direction Ste-Anne-de-Beaupré, rte 138 est. À Baie-St-Paul, rte 362 est. À l'église à gauche rue St-Jean-Baptiste. Ou de La Malbaie, rtes 138 ou 362 ouest.

2 BAIE-ST-PAUL

F A 🚐 ℜ0.2

Large house situated next to the church steeple and close to the river. Personalized rooms, cosy and softly coloured, with goose down duvets. Relax and wander around, breathe fresh air, sit in our reading room or on the terrasse where you can admire the countryside, the mountains or the Big Dipper.

From Québec City, Rte. 138 East. Or from the La Malbaie, Rte. 138 West or 362 West, Baie-St-Paul exit. At the church, take Rue Ste-Anne, towards the river, until Rue Leblanc joins it on the right. First blue house.

☞LA CHOUETTE
Ginette, François, Youna
2 rue Leblanc
Baie-St-Paul G0A 1B0
(418) 435-3217

$ 40-45, $$ 40-50, ☻ 5-10
(1er : 3 ch) (2 sb)

J F M A M J J A S O N D

Grande maison sise à deux pas du clocher, à trois pas du fleuve. Chambres personnalisées, colorées et douillettes; duvets d'oie. Pour la flânerie, le bonheur de respirer, salon de lecture et terrasse s'ouvrant sur la campagne, les montagnes et la Grande Ourse.

De Québec, rte 138 est. Ou de La Malbaie, rte 138 ouest ou 362 ouest sortie Baie-St-Paul. À l'église, prendre rue Ste-Anne, direction fleuve, jusqu'à l'embranchement de la rue Leblanc à droite. 1ère maison bleue.

3 BAIE-ST-PAUL

F A ℜ0.5 VS MC

For a comforting stay in a Victorian residence on one of the most picturesque streets of Baie-St-Paul, we invite you to stay in one of our rooms, each equipped with a sink. Generous breakfast and family atmosphere. Welcome.

100 km from Québec City, toward Ste-Anne-de-Beaupré, Rte. 138 East. At Baie-St-Paul, Rte. 362 East. At the church, cross the bridge, first street on the right.

☞AU CLOCHETON
Josée Roy et Denis Allard
50 rue St-Joseph
Baie-St-Paul G0A 1B0
(418) 435-3393

$ 35-45, $$ 40-50, ☻ 0-10
(rc : 4 ch) (2 sb)

J F M A M J J A S O N D

Pour un séjour douillet dans une résidence victorienne située sur une des plus pittoresques rues de Baie-St-Paul, nous sommes heureux de vous accueillir dans une de nos chambres avec lavabo. Petit déjeuner copieux et atmosphère familiale. Au plaisir.

De Québec, 100 km, direction St-Anne de Beaupré, rte 138 est. À Baie-St-Paul, rte 362 est. À l'église, traverser le pont, première rue à droite.

4 BAIE-ST-PAUL

F A 🐕🏠 ℜ0.5 VS MC

At our establishment, city facilities are combined with the charm of the country. Tranquility, cleanliness, and comfort, these are the keys to our hospitality. In the morning, the best breakfast around. All the services in town are only a few minutes walk away.

100 km from Québec City, towards Ste-Anne-de-Beaupré, Rte. 138 East. At Baie-St-Paul, turn right Rte. 362 East. We are just in front of the "Centre Médical" and "Filion's Farm".

☛LE GÎTE DU VOYAGEUR
Arlette et Michel
44 Fafard
Baie-St-Paul G0A 1B0
(418) 435-3480

$ 35-40, $$ 40-45, ☻ 5-10
(1er : 5 ch) (2 sb)

J F M A M J J A S O N D

Chez nous, tous les avantages de la ville se marient au charme de la campagne. Tranquillité, propreté, confort, voilà nos 3 mots d'ordre. Tout cela accompagné d'un copieux petit déjeuner. Tous les services sont à quelques minutes à pied.

De Québec, 100 km, direction Ste-Anne-de-Beaupré, rte 138 est. À Baie-St-Paul, rte 362 est. Face au «centre médical» et à la «ferme Filion».

5 BAIE-STE-CATHERINE

F 🏠 ℜ2

At once carried away by the fury of the waves and enchanted by the calm of the woods. Notre-Dame de l'espace watches over the secret world of the whales and the residents of our magical village. Tickets for scenic boat cruises also for sale.

From Québec City, Rte. 138 East towards La Malbaie. At the bridge, towards Tadoussac. After St-Siméon, towards Baie-Ste-Catherine. At the town hall, third house on the left.

☛ENTRE MER ET MONTS
Anne-Marie et Réal Savard
476 route 138
Baie-Ste-Catherine G0T 1A0
(418)237-4391/(418)237-4252

$ 30, $$ 40-45, ☻ 15
(ss : 2 ch, rc : 1 ch) (3 sb)

J F M A M J J A S O N D

Tantôt emporté par la fureur des flots, tantôt enchanté par la tranquillité des bois. «Notre-Dame de l'espace» veille sur le monde secret des baleines et sur les habitants de notre village enchanteur. Vente de billets pour croisières.

De Québec, Rte 138 est direction La Malbaie. Au pont, direction Tadoussac. Après St-Siméon, direction Baie-Ste-Catherine. À l'Hôtel de Ville, 3e maison à gauche.

6 CAP-À-L'AIGLE

F a 🏠 ℜ2.3

We offer a splendid view of the river and the Charlevoix region. Recently constructed, our house is welcoming and friendly. Everyone is welcome.

From Québec City, Rte. 138 East towards La Malbaie. After the bridge, drive 2.3 km towards Tadoussac. At Cap-à-l'Aigle, turn right immediately. Granite house with white gables.

LA VIGIE
Paula Dufour Maltais
18 route 138
Cap-à-l'Aigle G0T 1B0
(418) 665-6990

$ 25-30, $$ 35-40, ☻ 10
(rc : 3 ch) (2 sb)

J F M A M J J A S O N D

Nous vous offrons la vue panoramique la plus splendide de Charlevoix sur le fleuve et les localités voisines. De construction récente, notre maison est accueillante et chaleureuse. Bienvenue à tous.

De Québec, rte 138 est direction La Malbaie. Après le pont, faire 2.3 km direction Tadoussac. Entrer immédiatement à droite à Cap-à-l'Aigle. Maison de granit aux pignons blancs.

7 CAP-À-L'AIGLE   F a 🐾 🚐 ℜ1

At the entrance to the magnificent village of Cap-à-l'Aigle, the "Maison Vert-Tige" offers an exceptional welcome. Come and share the tranquility of a home with a history and a soul.

From Québec City, Rte. 138 East towards La Malbaie. After the bridge, drive 2.3 km towards Tadoussac. The next village, on the Rue Principale of Cap-à-l'Aigle, a green house on the left.

☛MAISON VERT-TIGE
Lise et Lindsay
125 St-Raphaël
Cap-à-l'Aigle G0T 1B0
(418) 665-6201

$ 40-50, $$ 50-65, ☻ 10
(1er : 4 ch, 2e : 1 ch) (3 sb)

J F M A M J J A S O N D

À l'entrée du magnifique village de Cap-à-l'Aigle, la «Maison Vert-Tige» vous offre son accueil exceptionnel. Venez partager la tranquillité d'une demeure qui a de l'âge et de l'âme.

De Québec, rte 138 est direction La Malbaie. Après le pont, faire 2.3 km direction Tadoussac. Prochain village, sur la rue principale de Cap-à-l'Aigle, maison verte à gauche.

8 CAP-À-L'AIGLE   F A ℜ2

House typical of the region. Panoramic view, facing the St. Lawrence River, terrasse, cultural atmosphere, close to activities and services. Warm welcome. Special attention to details.

From Québec City, Rte. 138 East towards La Malbaie. After the bridge, drive 2.3 km towards Tadoussac. The next village, on the Rue Principale of Cap-à-l'Aigle, a green house on the left.

LES CHANTERELLES
Pierrette Potvin
21 Fleurie
Cap-à-l'Aigle G0T 1B0
(418) 665-6393

$ 30, $$ 40, ☻ 10
(1er : 3 ch) (1 sb)

J F M A M J J A S O N D

Maison typiquement régionale. Vue panoramique, face au fleuve St-Laurent, terrasse, ambiance culturelle, à proximité des activités et services. Accueil chaleureux. Attention particulière.

De Québec, rte 138 est direction La Malbaie. Après le pont, faire 2.3 km direction Tadoussac. Prochain village, sur la rue principale de Cap-à-l'Aigle, maison verte à gauche.

9 CLERMONT   F a 🚐 ℜ1

In the heart of Charlevoix, you will experience a human warmth and hospitality, and a love for our country. In the comfort of our large home, your history fascinates us, you are interested in ours. Relax in the gentle warmth of our friendship.

From Québec City, Rte. 138 East, drive 130 km to Clermont. Or from La Malbaie, Rte. 138 West, drive 7 km to Clermont.

☛LA MAISON
GAUDREAULT
Jeannine et Antonio
230 route 138
Clermont G0T 1C0
(418) 439-4149

$ 40, $$ 50, ☻ 5-8
(1er : 3 ch) (2 sb)

J F M A M J J A S O N D

Au coeur de Charlevoix, la chaleur humaine, l'hospitalité, notre enracinement à ce pays te sont acquis. Dans le confort de notre vaste demeure, ton histoire nous passionne, la nôtre t'enchante, viens te reposer dans la douce chaleur de notre amitié.

De Québec, rte 138 est, faire 130 km jusqu'à Clermont. Ou de La Malbaie, rte 138 ouest, faire 7 km jusqu'à Clermont.

Moisan
438-2883

10 ÎLE-AUX-COUDRES, ST-LOUIS   F A 🚫 ℜ0.5

Overlooking the majestic St-Lawrence river the most prestigious B&B on the island. The ever-smiling hostess devotes her talent and energy to a breakfast you will never forget. A must! Experience the excitement of our exotic quadra-cycles. Non-smokers only. Prices included P.S.T.

From Québec City, Rtes 138 East to Baie-St-Paul then 362 East to Les Éboulements. Take the ferry (toll free). Once on the island, turn right at the flashing lights, drive for approximately 10 km.

☛GÎTE DU QUATUOR
Jeannette Moisan
217 chemin des Coudriers
St-Louis, Île-aux-Coudres
G0A 1X0
(418) 438-2146

$ 50-60, $$ 65-75, ☻ 15
(1er : 4 ch) (2 sb)
J F M A M J J A S O N D

Face au fleuve, les couleurs du soleil levant, la chaleur du sourire de l'hôtesse, un mets apprêté pour vous, tout en saveur et raffinement. Moment de volupté et de réconfort. Vélos exotiques pour parcourir notre île. Gîte non-fumeur. Les prix indiqués incluent la T.P.S.

De Québec, rte 138 est jusqu'à Baie-St-Paul. De Baie-St-Paul, rte 362 est jusqu'aux Éboulements. Prendre le traversier. À l'île, aux feux clignotants, tourner à droite, faire environ 10 km.

438-2136

11 LES ÉBOULEMENTS   F A ℜ1.5

We will be happy to welcome you to our warm Québecois household. As well, we have one of the most beautiful interior designs in Charlevoix. Warmth and hospitality guaranteed.

From Québec City, Rte. 138 East towards Baie-St-Paul. Rte. 362 to Éboulements. Right towards St-Joseph de la Rive (towards the ferry), it's in the middle of the slope on the right.

RELAIS DE LATERRIÈRE
Gilles Richard
11 route du Port
Les Éboulements G0A 2M0
(418) 635-1111

$ 30, $$ 45
(rc : 2 ch, 1er : 1 ch) (2 sb)
J F M A M J J A S O N D

Nous serons heureux de vous recevoir dans notre chaleureuse maison typiquement québécoise. De plus, vous apprécierez sûrement l'un des plus beaux décors de Charlevoix. Chaleur et hospitalité pour vous.

De Québec, rte 138 est direction Baie-St-Paul. Rte 362 jusqu'aux Éboulements. À droite vers St-Joseph de la Rive (rte du traversier) c'est au milieu de la côte à droite.

12 LES ÉBOULEMENTS   F a 🚫 🐕 ℜ1

Here, you will have a warm welcome. Our village is very pretty, located across from L'Ile-aux-Coudres. The surroundings are mountainous and fresh air abounds. Our breakfasts will certainly be to your liking. We invite you to make yourself at home. Non-smokers only. View of St-Lawrence River.

From Québec City, Rte. 138 to Baie-St-Paul. From Baie-St-Paul, Rte. 362 East to Les Éboulements.

Françoise B. Tremblay
234 du Village, route 362
Les Éboulements G0A 2M0
(418) 635-2431

$ 30, $$ 45, ☻ 10
(1er : 2 ch) (1 sb)
J F M A M J J A S O N D

Je vous réserve un accueil chaleureux. Notre village est très joli, situé en face de l'Ile-aux-Coudres. Le décor est montagneux et l'air pur abonde. Nos déjeuners sauront vous plaire. Chez nous vous serez chez vous. Nous vous attendons avec le sourire. Gîte non-fumeur. Vue sur le fleuve.

De Québec, rte 138 est jusqu'à Baie-St-Paul. De Baie-St-Paul, rte 362 est jusqu'aux Éboulements.

13 ST-IRÉNÉE   F A ℜ 2

Enjoy an unforgettable stay at this mansion with a spectacular view of the St-Lawrence River, and 150 hectare tree farm with walking trails. Retired couple, bedrooms with sink, double/single beds. Bathroom, balcony and den on the same floor.

From Québec City, Rte. 138 East to Baie-St-Paul, Rte. 362 to St-Irénée. One hundred metres past the wharf turn left on chemin St-Antoine and continue uphill for 2 km. Or from La Malbaie, Rte 362 West.

☛VILLA GRANDE VUE
Irène Desroches
et Gilles Girard
360 chemin St-Antoine
St-Irénée G0T 1V0
(418) 452-3209

$ 35, $$ 45, ☻ 5-12
(1er : 3 ch) (2 sb)
J F M A M J J A S O N D

Séjournez en beauté dans une ferme forestière à une altitude de 225 mètres avec vue de plus de 100 km sur les rives du St-Laurent. Hôtes retraités, choix de chambres avec lavabo, lits simples ou doubles, salle de bain à l'étage, balcon, coin lecture.

De Québec, rte 138 est jusqu'à Baie-St-Paul. Rte 362 est jusqu'à St-Irénée. À 100 mètres à l'est du quai, chemin St-Antoine, faire 2 km. Ou de La Malbaie, rte 362 ouest.

14 ST-SIMÉON   F a ℜ 0.5

Panoramic view of the river and the mountain slopes. Ideal spot for nature artists. Peaceful rest. Beach and restaurant nearby. Ferry to the South shore. Healthy traditional breakfast. Whale watching 35 km away.

From Québec City, Rte 138 East, towards La Malbaie. After the bridge, towards Tadoussac. Drive 27 km. Watch for the secondary road marked: Port-au-Persil, 3 km.

Bernadette Veilleux
390 Port-au-Persil
St-Siméon G0T 1X0
(418) 638-5266

$ 35, $$ 45, ☻ 10
(1er : 3 ch) (1 sb)
J F M A M J J A S O N D

Vue panoramique du fleuve et du versant de la montagne. Site idéal pour les peintres de la nature. Halte paisible. Plage et restaurant à proximité. Traversier vers la rive sud. Déjeuner santé et traditionnel. Observation des baleines à 35 km.

De Québec, rte 138 est, direction La Malbaie. Après le pont, direction Tadoussac. Faire 27 km. Surveillez la route secondaire indiquée: Port-au-Persil, 3 km.

15 STE-AGNÈS   F A 🐕 🚐 ℜ 6

In one of the loveliest valleys of Charlevoix, an ancestral stone house, wide-open spaces, water, mountain and forest, huge garden of organically-grown flowers and vegetables. Calm and peace at five minutes from La Malbaie. Share a moment with us.

From Québec City, Rte. 138 East towards La Malbaie. To the right towards Ste-Agnès. Follow Rue Principale for 2 km, Rang St-Joseph, drive 3.3 km. Or from La Malbaie, Rte. 138 towards Québec City, left at Ste-Agnès...

L'ILOT
Denise et Jean-Marc
188 rang St-Joseph
Ste-Agnès G0T 1R0
(418) 665-6663

$ 25-30, $$ 35-45
(1er : 3 ch) (1 sb)
J F M A M J J A S O N D

Dans une petite vallée de Charlevoix tant vanté, maison ancestrale en pierre des champs. Grands espaces, eau, montagnes et forêt, immense potager et fleurs en culture biologique. Le calme à 5 minutes de La Malbaie. Partageons un instant de vie.

De Québec, rte 138 est vers La Malbaie. À droite direction Ste-Agnès. Rue Principale sur 2 km, rang St-Joseph, faire 3.3 km. Ou de La Malbaie, rte 138 ouest vers Québec, à gauche Ste-Agnès...

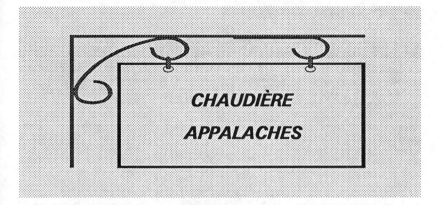

CHAUDIÈRE
APPALACHES

* Les numéros sur la carte correspondent à la numérotation des Gîtes de la région.
* *The numbers on the map correspond to the numbers of each establishment within the region.*

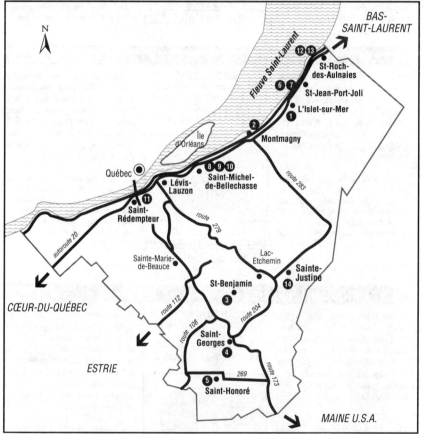

This countryside of contrasts is well known for its traditional architecture, its vibrant inhabitants and the beauty of the fall colors.

Ce pays de contrastes est reconnu pour son patrimoine architectural, le dynamisme de ses habitants et la beauté de ses coloris automnaux.

1 L'ISLET-SUR-MER

F A 🚫 🚗 ℜ3 VS MC

Spacious 180-year-old home located in the heart of a 300-year-old historic village on the St-Lawrence river. Sitting room for guests, rooms with private bath some with queensize bed. Breakfast is served in a bright breakfast room. Non-smokers only. All-terrain bicycle available on request.

From Montréal or Québec City Hwy. 20 East, Exit 400 L'Islet. Rte. 285 North, drive 4 km. Rte. 132 turn right, drive for 1 km to house on right side. Parking at rear.

LA MARGUERITE
Marguerite et Denis Caron
88 route des Pionniers est
L'Islet-sur-Mer G0R 2B0
(418) 247-5454

$ 43-55, $$ 53-95, ☻ 10-18
(1er : 5 ch) (6 sb)
J F M A M J J A S O N D

Découvrir un plaisir inattendu dans une maison 1810! Pour votre confort: salles de bain privées, salle de séjour avec âtre, salle à manger, jardin aménagé pour la détente. Restaurants à quelques km. 4 heures de Montréal. Gîte non-fumeur. Vélo tout terrain à votre disposition.

De Montréal ou Québec, aut. 20 est, sortie 400 L'Islet. Rte 285 nord, faire 4 km. Rte 132 est, faire 1 km. Situé entre Montmagny (15 min.) et St-Jean-Port-Joli (10 min.).

2 MONTMAGNY

F a 🚗 ℜ0 VS MC

Stay a while in our luxurious home. Continental breakfast served in our restaurant "Café Renoir". For your comfort: private bathrooms. Close to: Grosse Ile, Ile-Aux-Grues, golf, skiing... Tours available. Welcome.

From Montréal or Québec City, Hwy. 20 East, Exit 376, Montmagny-centre-ville. At the flashing lights, turn right on St-Jean-Baptiste West, drive approximately 0.5 km. Next to Café Renoir.

LE TANDEM
Jocelyne et Jean Grenier
39, St-Jean-Baptiste ouest
Montmagny G5V 3B6
(418)248-3343/(418)248-7132

$$ 60-95, ☻ 10
(rc : 3 ch, 1er : 1 ch) (4 sb)
J F M A M J J A S O N D

Séjournez dans une luxueuse maison. Déjeuner continental servi à notre restaurant «Café Renoir». Pour votre confort: salles de bain privées. Situé à proximité de: Grosse Île, Île-aux-Grues, golf, ski...Forfaits disponibles. Au plaisir.

De Montréal ou Québec, aut. 20 est, sortie 376, Montmagny - centre-ville. Aux feux clignotants, tourner à droite, rue St-Jean-Baptiste ouest, faire environ 0.5 km. Voisin du Café Renoir.

3 ST-BENJAMIN, BEAUCE

F a ℜ1

Come take a little trip in the heart of our village. You will spot our house "L'Antiquaille" with its red roof. Our breakfast will set your tastebuds jumping for joy. Your hostess will invite you to look at her handicrafts.

From Québec City, Rtes. 73 and 173 South. At Notre-Dame-des-Pins, turn left to St-Simon-les-Mines. Follow the signs to the village of St-Benjamin.

L'ANTIQUAILLE
Jacqueline et Catherine
218 rue Principale
St-Benjamin G0M 1N0
(418)594-8693/(418)228-2141

$ 30, $$ 40, ☻ 10-12
(1er : 3 ch) (1 sb)
J F M A M J J A S O N D

Venez faire une «saucette» au coeur de ce village. Vous apercevrez notre maison «l'Antiquaille» avec son toit rouge. Les déjeuners sauront satisfaire vos papilles gustatives. L'hôtesse vous invite à contempler ses travaux artisanaux.

De Québec, rtes 73 et 173 sud. À Notre-Dame-des-Pins, à gauche pour St-Simon-les-Mines. Suivre les indications pour le village St-Benjamin.

4 ST-GEORGES, BEAUCE   F a 🚗 ℜ1 MC

Let yourself be carried away by the beauty of the wilderness. In our large antique-filled house, our rooms are tastefully decorated. Large breakfast. Dinner theatre. Ghostly packages, murder evenings, see advertisement page 32.

From Québec City, Rte. 73 South. At Vallée Jonction, Rte. 173 South towards St-Georges. After the McDonald's, left on 90e rue, drive 3 km, left on 35e avenue. Fourth house on the right.

GÎTE LA SÉRÉNADE
Berthe et Bernard Bisson
8835, 35e Avenue
St-Georges-de-Beauce est
G5Y 5C2
(418) 228-1059

$ 35, $$ 47, ☺ 10
(1er : 3 ch) (2 sb)

| J | F | M | A | M | J | J | A | S | O | N | D |

Laissez-vous fasciner par la beauté de la nature. Dans notre grande maison remplie de meubles antiques, nos chambres sont décorées avec goût. Gros déjeuner. Forfait souper/théâtre d'été. Forfait outre-tombe, soirée meurtrière, publicité page 32.

De Québec, rte 73 sud. À Vallée Jonction, rte 173 sud vers St-Georges. Après le McDonald's, à gauche 90e rue, faire 3 km, 35e ave. à gauche. 4e maison à droite.

5 ST-HONORÉ, BEAUCE   F 🚗 ℜ5

The Beauce area is worth a visit, and the Beaucerons love to have visitors. Your first meeting with your hostess will be a sure indication of an agreable and enriching holiday. Not to be missed: the 5 sites of the ecomuseum of Haute-Beauce.

From Québec City, Rtes. 73 and 173 South. At Notre-Dame de Pins, after the bridge, left to Rte. 271. At the flashing yellow light in the village of St-Benoit, turn left and drive for 7 km.

LE GÎTE BEAUCERON
Yvonne Carrier
187 rang 6 nord
St-Honoré G0M 1V0
(418) 485-6510

$ 22, $$ 35, ☺ 10
(1er : 3 ch) (2 sb)

| J | F | M | A | M | J | J | A | S | O | N | D |

La Beauce mérite d'être visitée et les Beaucerons adorent la visite. Le premier contact avec l'hôtesse vous donne l'assurance d'un séjour agréable et enrichissant. Nombreuses activités sur place. À visiter: les 5 sites de l'écomusée de la Haute-Beauce.

De Québec, rtes 73 et 173 sud. À Notre-Dame-des-Pins, après le pont, à gauche jusqu'à la rte 271. Au clignotant jaune dans le village de St-Benoit, tourner à gauche et faire 7 km.

6 ST-JEAN-PORT-JOLI   F A 🚭 🐕 🚗 ℜ1 VS

Beautiful country house along the St-Lawrence River. Here you can admire the sunset, listen to the waves and stroll either on the sand or in the orchard. Excellent cuisine. Non-smokers only. Horseback riding and a visit to the sugar shack are available.

From Montréal or Québec City, Hwy. 20, Exit 414, right to the St-Jean-Port-Joli church. Right on Rte. 132 East, drive 1.5 km. White house with green gables, on the riverside.

AU SOLEIL COUCHANT
Launa et Noël Daris
211 rue de Gaspé est, rte 132
St-Jean-Port-Joli G0R 3G0
(418)598-6148/(418)598-6308

$ 30-35, $$ 45-50, ☺ 12-15
(1er : 3 ch) (2 sb)

| J | F | M | A | M | J | J | A | S | O | N | D |

Belle maison coloniale au bord du fleuve Saint-Laurent. Venez admirer les couchers de soleil, entendre le bruit des vagues, marcher dans le sable ou dans le verger. Excellente cuisine. Gîte non-fumeur. Visite d'une cabane à sucre et équitation disponible.

De Montréal ou Québec, aut. 20, sortie 414, à droite jusqu'à l'église de St-Jean-Port-Joli. À droite, rte 132 est, faire 1.5 km. Maison blanche à pignons verts, coté fleuve.

7 ST-JEAN-PORT-JOLI   F A 🚐 🍴0.2

You will be welcomed in a modern home ideal for calm and rest. Activity centers nearby. We will offer you a warm smile and delicious meals. Welcome.

From Québec City, Hwy. 20 East, Exit 414, take Rte. de l'Eglise to the right, drive 1 km to the East.

Glorienne Lebel
184 de Gaspé est, route 132
St-Jean-Port-Joli G0R 3G0
(418) 598-6320

Une maison récente vous accueille et vous assure le calme et le repos. Tout près des centres d'activité. Nous vous offrons notre sourire chaleureux et des repas succulents. Bienvenue.

De Québec, aut. 20 est, sortie 414, Route de l'église à droite, faire 1 km vers l'est.

$ 30, $$ 40
(ss : 3 ch) (2 sb)
J F M A M J J A S O N D

8 ST-MICHEL, BELLECHASSE   F a 🚐 🍴 VS MC

Just 20 km from Québec City. Come enjoy the serenity of the rustic life, let the fresh country air with the breeze off the river wash over and caress you, and the wharf bid you welcome. A sink in each room and a restaurant on the premises. Welcome.

From Québec City, Hwy. 20 East, Exit 341 to Beaumont. Rte. 132 East, drive 4.5 km. Or from Gaspé, Hwy. 20 West, Exit 348 to St-Michel and turn left on the 132. Drive 1 km.

LA FASCINE
Christine Boutin et
Lawrence Miller
49 route 132 ouest
St-Michel G0R 3S0
(418) 884-3907

À 20 km de Québec, laissez-vous fasciner par la magie des paysages. Le parfum des plaines et la brise du fleuve caressent le visage et les quais lancent des invitations. Lavabo dans chaque chambre. Restaurant sur place. Forfaits disponibles. Bienvenue.

De Québec, aut. 20 est, sortie 341, direction Beaumont. Rte 132 est, faire 4.5 km. Ou de la Gaspésie, aut. 20, sortie 348, direction St-Michel. À gauche sur la rte 132, faire 1 km.

$ 35, $$ 47, ☻ 5-10
(1er : 4 ch) (2 sb)
J F M A M J J A S O N D

9 ST-MICHEL, BELLECHASSE   F a 🚫 🐕 🚐 🍴

Typical Québecois village located near numerous tourist attractions and activities. We invite you to share the warm atmosphere of our century-old house. Warm and sincere friendships are easily developed over our generous breakfasts. Non-smokers only.

From Québec City, Hwy. 20 East, Exit 348 towards St-Michel. Drive 0.6 km. At the flashing lights, crossing Rte. 132 straight ahead to rue Principale. First house on the right.

LA VILLAGEOISE
Cécile et Roger Forgues
46 Principale
St-Michel G0R 3S0
(418) 884-4033

Village typiquement québécois situé à proximité de nombreux sites touristiques et d'activités. Nous vous convions à partager avec nous la chaude ambiance de notre maison centenaire. Petit déjeuner copieux où s'installe une amitié sincère. Gîte non-fumeur.

De Québec, aut. 20 est, sortie 348 direction St-Michel. Faire 0.6 km. Aux feux clignotants, croiser rte 132, aller tout droit jusqu'à Principale. 1ère maison à droite.

$ 30, $$ 45, ☻ 10
(1er : 3 ch) (2 sb)
J F M A M J J A S O N D

10 ST-MICHEL, BELLECHASSE F a 🚗 ℜ5.6

At 4 km from Rte. 132, give yourself a rejuvenating rest in our beautiful century-old house dominating the "Bas-de-Bellechasse" plain. See, hear, feel, smell and taste: a real vacation! In the morning, you can collect eggs from the chickens, feed the ducks...

From Montréal or Rivière-du-Loup, Hwy. 20, Exit 348. Rte. 281 south, drive approximately 1 km. Take the 218 to the right, drive 0.7 km. Or Rte. 132, take Rte. 281 South, drive 3 km. Take the Rte. 218, drive 0.7 km.

LA PARIADE
Céline Veillet et
Gilles Deschênes
298 rang 2, route 218
St-Michel G0R 3S0
(418) 884-3075

$ 25, $$ 35-45, ● 10
(rc : 1 ch, 1er : 1 ch) (1 sb)
J F M A M J **J A S** O N D

À 4 km de la rte 132, offrez-vous une halte ressourçante dans notre maison centenaire surplombant la plaine du «Bas-de-Bellechasse». Voir, entendre, sentir et goûter, voilà de vraies vacances! Le matin, ramassez les oeufs dans le poulailler, nourrissez les canards...

De Montréal ou Rivière-du-Loup, aut. 20, sortie 348. Rte 281 SUD, faire environ 1 km. Rte 218 à droite, faire 0.7 km. Ou rtes 132, 281 sud, faire 3 km. Rte 218, faire 0.7 km.

11 ST-RÉDEMPTEUR F a ⊘ 🚗 ℜ2

We offer you a comfortable and welcoming home, beautiful scenery near the river, a nearby city, an ideal way to see Québec City. Generous and varied breakfast. We will be glad to have you as our guests. Non-smokers only.

From Québec City, Hwy. 20 West, Exit 311. Rte. 116 West, drive 1 km. Second traffic lights left rue Bellerive. Or from Montréal, Hwy. 20 East, Exit 311. Or Rte. 132, intersection Rte. 116 South, drive 3 km.

LE RIVERAIN
Louise et Jean-Denis
Lachance
144 Bellerive
St-Rédempteur G0S 3B0
(418) 831-4773

$ 35, $$ 50, ● 15
(1er : 2 ch) (2 sb)
J F M A M J J A S O N D

Nous avons pour vous un gîte accueillant et confortable, un terrain paysagé près de la rivière. Proximité de la ville, arrêt idéal pour visiter Québec. Petit déjeuner copieux et varié. Nous vous attendons avec grand plaisir. Gîte non-fumeur.

De Québec, aut. 20 ouest, sortie 311. Rte 116 ouest, faire 1 km. Aux 2e feux de circulation à gauche rue Bellerive. Ou de Montréal, aut. 20 est, sortie 311. Ou de la rte 132, intersection rte 116 sud, faire 3 km.

12 ST-ROCH-DES-AULNAIES F A 🐕 🚗 ℜ1.5

Enjoy the calm art of living at our log cabin and adjacent lodge. The sea and magnificent panorama are yours to contemplate. Your comfort and leisure are our main concern, and we will make your stay one to remember. Outdoor heated swimming pool.

From Québec City, Hwy. 20, Exit 414 to St-Jean-Port-Joli. At this point, from the church square, drive 10.5 km on Rte. 132 East. At 1.6 km from the "Des Aulnaies" camp ground, on your left, look for a sign "Le Ressac".

LE RESSAC
P. Hamel et H. Deschênes
1266 route 132
St-Roch-des-Aulnaies
G0R 4E0
(418) 354-2219

$ 35, $$ 48-50, ● 12
(rc : 2 ch, 1er : 1 ch) (3 sb)
J F M A M J **J A S** O N D

En pleine nature, collés au fleuve et éloignés des bruits familiers, notre maison en bois rond et le pavillon y attenant offrent confort, calme, repos et intimité. Le poêle à bois, l'âtre, la cuisine saine et la piscine chauffée contribuent à une ambiance chaleureuse.

De Québec, aut. 20 est, sortie 414. À l'église de St-Jean-Port-Joli, faire 10.5 km sur la rte 132 est. À 1.6 km du terrain de camping «Des Aulnaies», à gauche à l'affiche indiquant «Le Ressac».

13 ST-ROCH-DES-AULNAIES   F a 🚐 ℜ2.5 🔌

Come to the farm, take time to live and to admire nature, take a ride on a horse, taste the local cuisine, take advantage of a warm welcome and the simplicity of family life. Three bicycles and two horses are available.

From Québec City, Hwy. 20 East, Exit 430. Right on Chemin de Castonguay, drive 1 km. Or from Rivière-du-Loup, Exit 430, right on Rte. 132, go under the underpass, right on Chemin des Castonguay. Drive 1 km.

FERME PIRALY
Lise et Raymond Picard
530 chemin des Castonguay
St-Roch-des-Aulnaies
G0R 4E0
(418) 354-2842

$ 25, $$ 35, ☻ 0-10
(1er : 3 ch) (2 sb)

J F M A M J J A S O N D

Venez à la ferme prendre le temps de vivre et d'admirer la belle nature, faire une balade à cheval, déguster les mets de chez nous, profiter d'un accueil chaleureux, de la simplicité de la vie en famille. Trois bicyclettes et deux chevaux sont disponibles.

De Québec, aut. 20 est, sortie 430. À droite, chemin des Castonguay, faire 1 km. Ou de Rivière-du-Loup, sortie 430, à droite sur la rte 132, traverser le viaduc. À droite, chemin des Castonguay, faire 1 km.

14 STE-JUSTINE, DORCHESTER   F 🐕 ℜ5 🔌

Our farm is in the heart of the mountains and clear running water, near Lake Etchemin and the Orignal and Crapaudière Mountains. We like to have vacationers, people passing through, hunters and sports enthusiasts for generous, delicious meals.

From Québec City, Exit 325. Rte. 173 South to St-Henri. Rte. 277 South to Ste-Germaine-Station. Rte. 204 towards Ste-Justine. Go through the village of Ste-Justine and drive for 4 km. The farm is on the left.

Gertrude et Guy Lecours
1000 route 204 est
Ste-Justine G0R 1Y0
(418) 383-3530

$ 25, $$ 40, ☻ 10
(1er : 3 ch) (2 sb)

J F M A M J J A S O N D

Notre ferme est au coeur des montagnes et des cours d'eau, à proximité du lac Etchemin et des monts Orignal et Crapaudière. Nous aimons recevoir les vacanciers, les passants, les chasseurs, les sportifs et leur préparer de bons et copieux repas.

De Québec, aut. 20 est, sortie 325. Rte 173 sud jusqu'à St-Henri. Rte 277 sud jusqu'à Ste-Germaine-Station. Rte 204 est vers Ste-Justine. Passer le village de Ste-Justine et faire 4 km. La ferme est à gauche.

COEUR DU QUÉBEC

* Les numéros sur la carte correspondent à la numérotation des Gîtes de la région.
* *The numbers on the map correspond to the numbers of each establishment within the region.*

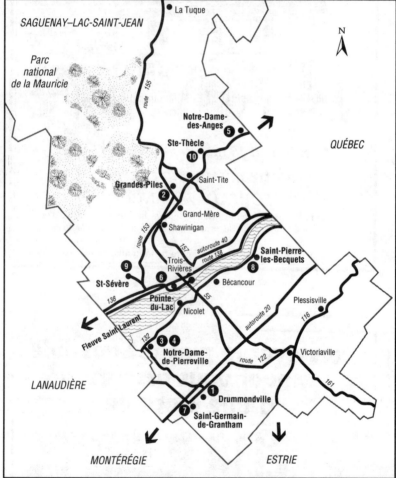

Halfway between Montréal and Québec, stretching along the shores of the Saint Lawrence River, rich in history, Coeur-du-Québec is home to more than 1 000 lakes and all the diversity of the Quebec landscape.

À mi-chemin entre Montréal et Québec, s'étendant sur les deux rives du fleuve Saint-Laurent, riche en histoire, le Coeur-du-Québec réunit plus de 1 000 lacs et toute la diversité du paysage québécois.

1 DRUMMONDVILLE   F A 🚐 ℜ1

One hour from Montréal, Québec City, or the U.S. border. International folk festival. Early colonial village. Home with French-inspired architecture and large garden. Full breakfast with home cooked snacks to enjoy on the terrace.

From Montréal or Québec City, Hwy. 20, take Exit 173 direction 55 South, 6 km exit at Jean de Brebeuf Blvd. Right for 2 km then changes name for 101st Ave. Turn right at 107th Ave.

AUX VOLETS VERTS
Andréa et Gilles Tremblay
545, 107e Avenue
Drummondville J2B 4M9
(819) 474-5646

$ 35, $$ 45, ✪ 10
(rc : 2 ch) (1 sb)
J F M A M J J A S O N D

À une heure de Montréal, Québec et de la frontière U.S. Festival folklorique international. Village Québécois d'antan. Maison d'inspiration normande, grand jardin. Petit déjeuner complet avec petits plats maison à déguster sur la terrasse. Gens calme.

De Montréal ou Québec, aut. 20, sortie 173, direction 55 sud. À 6 km prendre sortie boul. Jean-de-Brébeuf. À droite pour 2 km. Ce boulevard change pour 101e ave. À droite sur la 107e ave.

2 GRANDES-PILES   F a 🐕 ℜ0.1

Former mansion of Jean J. Crête, called the King of la Mauricie. Beautiful oak woodwork, stylishly decorated, rooms with bathrooms. In the Laurentians, magnificent view of the St-Maurice River. A village of artists, 15 min. from the La Mauricie Park.

From Montréal, Hwy. 40 East. At Trois-Rivières, Hwy. 55 North. Grandes-Piles is located 10 km from Grand-Mère towards La Tuque.

LE CHÂTEAU CRÊTE
Jacques Crête
740, 4e Avenue
Grandes-Piles G0X 1H0
(819)533-5841/(819)533-3565

$ 25-35, $$ 45-60, ✪ 7-12
(1er : 4 ch, 2e : 1 ch) (3 sb)
J F M A M J J A S O N D

Ancien manoir de Jean J. Crête appelé: Roi de la Mauricie. Boiseries de chêne, spacieux, meublés de style, chambres avec lavabos, jardins. Dans les Laurentides, vue magnifique sur la rivière St-Maurice. Un village d'artistes, 15 min. du Parc de la Mauricie.

De Montréal, aut. 40 est. À Trois-Rivières, aut. 55 nord. Grandes-Piles est situé à 10 km de Grand-Mère sur la route de La Tuque.

3 NOTRE-DAME-DE-PIERREVILLE   F A ℜ1

Paradise for hunting and fishing on St-Pierre Lake. Fresh and smoked fish available year round. Flocks of wild ducks and geese will delight you in the spring. Come relax in the warmth of our log house.

From Montréal, Hwy. 20 East, 30 East, Rte. 132 East to Pierreville. As you come off the bridge, go left to "rang de l'Île", left again to Chemin de la Commune, straight ahead to Chemin la Coulée. Drive 1.3 km.

LA MAISON DU LAC
Fernande et Jean-Paul
Bessette
63 chemin La Coulée
N.-D.-de-Pierreville J0G 1G0
(514) 568-5041

$ 35, $$ 50
(1er : 3 ch) (2 sb)
J F M A M J J A S O N D

Paradis de chasse et pêche du Lac St-Pierre. Poissons frais et fumés disponibles en tout temps. Les couvées de canards sauvages et les volées d'oies blanches vous émerveilleront au printemps. Venez vous reposer dans la chaleur d'une maison en bois rond.

De Montréal, aut. 20 est, 30 est, rte 132 est jusqu'à Pierreville. À la sortie du pont, à gauche jusqu'au rang de l'Île, à gauche jusqu'au chemin de la Commune, tout droit jusqu'au chemin la Coulée. Faire 1.3 km.

4 NOTRE-DAME-DE-PIERREVILLE — F A ℜ2

Geese-filled sky and lazy river, relax, fish, garden, make yourself at home while escaping your everyday worries. Allow me to welcome you to my unpretentious but hospitable farmhouse.

FERME BIOLOJACQUES
Jacques Landry
96 Rang de l'Île
Notre-Dame-de-Pierreville
J0G 1G0
(514) 568-2512

Ciel de sauvagine, rivière à vos pieds, gîte simple et hospitalier, nature vivante généreuse et sauvage, détendez-vous à votre gré, pêchez, flânez, sarclez, sortez... Vous serez chez vous sur cette petite ferme insulaire au coeur québécois.

From Montréal, Hwy. 20 East, 30 East and Rte. 132 East to Pierreville. At the exit of Pierreville bridge, turn left to take "rang de l'Île" at 2 km. Or from Québec City, Rte 132 West to Pierreville bridge.

$ 24, $$ 39, ☻ 10
(1er : 3 ch) (2 sb)

J F M A M J J A S O N D

De Montréal, aut. 20 est, 30 est et rte 132 est jusqu'à Pierreville. À la sortie du pont de Pierreville, tourner à gauche. Rang de l'Île à 2 km. Ou de Québec, rte 132 ouest jusqu'au pont de Pierreville.

5 NOTRE-DAME-DES-ANGES — F A 🐴 🚐 ⓘ ℜ12 ✋

On the shores of the Batiscan River our log house, constructed for you, will charm you. Open to nature, our home is large and comfortable. Delicious food, private forest and beach are waiting for you. Children are our friends.

AU DOMAINE DE LA BATISCAN
France Beaulieu
974 route Rousseau
N.-D.-des-Anges G0X 1W0
(418) 336-2619

Au bord de la Rivière Batiscan notre maison en bois rond construite pour vous, vous enchantera. Ouverte sur la nature, elle est grande et confortable. Bonne bouffe, forêt et plage privées vous invitent. Les enfants sont nos amis.

From Québec City, Hwy. 40 West, Rtes 365 and 367 towards Rivière à Pierre, left for 10 km. It is before Notre-Dame-des-Anges. Or, from Trois-Rivières, Hwy 55 North, Rte 153 North to Notre-Dame-des-Anges. Drive 8 km.

$ 30, $$ 45, ☻ 10
(1er : 3 ch) (2 sb)

J F M A M J J A S O N D

De Québec, aut. 40 ouest, rtes 365 et 367 vers Rivière à Pierre, à gauche sur 10 km. C'est avant N.D. des Anges. Ou de Trois-Rivières, aut. 55 nord, rte 153 nord jusqu'à N.D. des Anges. Faire 8 km.

6 POINTE-DU-LAC — F A ♿ 🐴 🚐 ℜ1.8

Enchanting riverside setting, calm, relaxing, near Trois-Rivières. Magnificent home, pool, picnic tables. Warm and familiar welcome. We speak German. We will help you discover this beautiful region.

PAVILLON BAIE JOLIE
Barbara et Jacques
709 route 138
Pointe-du-Lac G0X 1Z0
(819) 377-3056

Site enchanteur au bord du fleuve, calme, reposant, à proximité de Trois-Rivières. Magnifique demeure, piscine, tables à pique-nique. Accueil chaleureux et familial. Petit déjeuner à volonté. Parlons allemand. Nous vous aidons à découvrir cette belle région.

From Montréal (130 km) Hwy. 40 East, Exit 187. Rte. 138 East for 7 km. Or from Québec City (130 km) Hwy. 40 West and 55 South for 800 metres. Notre Dame Exit. Rte. 138 West for 5 km.

$ 30, $$ 45-50, ☻ 10
(rc : 3 ch) (1 sb)

J F M A M J J A S O N D

De Montréal (130 km) aut. 40 est, sortie 187. Rte 138 est sur 7 km. Ou de Québec (130 km) aut. 40 ouest et 55 sud sur 800 mètres. Sortie Notre-Dame. Rte 138 ouest sur 5 km.

7 ST-GERMAIN-DE-GRANTHAM FA🚫🐴🚗ℛ4

Fresh air, rest, relaxation. Large country house built in 1916. Simple, comfortable, sunny. Home-made products. Only 18 km from the Colonial Québec Village at Drummondville. Non-smokers only.

From Québec City or Montréal, Hwy. 20, Exit 166. Take Rang 10 to Rte. 239. Right for 3 km.

LE MADAWASKA
Juliette Levasseur
644 route 239
St-Germain J0C 1K0
(819) 395-4318

$ 35, $$ 50, ● 10
(1er : 3 ch) (2 sb)

| J | F | M | A | M | J | J | A | S | O | N | D |

Plein air, repos, détente. Grande maison de campagne datant de 1916. Simple, confortable, ensoleillée. Produits maison. À 18 km du Village Québécois d'Antan de Drummondville. Gîte non-fumeur.

De Québec ou Montréal, aut. 20, sortie 166. Sur le 10e rang jusqu'à la rte 239, prendre à droite pour 3 km.

8 ST-PIERRE-LES-BECQUETS FA🐴ℛ1

You are very welcome at our home. As we love to travel, we enjoy the company of travellers. We offer you two rooms facing the St-Lawrence river. Complete bathroom, bidet, whirlpool, bath, shower. A generous breakfast, budwig if desired.

From Montréal, Hwy. 40 East to Trois-Rivières. Laviolette Bridge to get to the South Shore. Rte. 132 to St-Pierre.

Cécile et Roger Poirier
211 Marie Victorin, rte 132
St-Pierre-les-Becquets
G0X 2Z0
(819) 263-2756

$30, $$ 45, ● 5-15
(1er : 2 ch) (2 sb)

| J | F | M | A | M | J | J | A | S | O | N | D |

Bienvenue chez nous! Nous vous recevrons avec plaisir. Aimant voyager, nous apprécions la compagnie des voyageurs. Nous vous offrons deux chambres avec vue sur le fleuve, salle de bain complète, bidet, bain tourbillon, douche. Déjeuner bien garni, budwig si désiré.

De Montréal, aut. 40 est jusqu'à Trois-Rivières. Pont Laviolette pour passer sur la Rive Sud. Prendre rte 132 est jusqu'à St-Pierre.

9 ST-SÉVÈRE Fa🐴ℛ7

Agricultural village with a taste of yesteryear. Rustic, spacious, 170-year-old antique furniture. Six generations of Heroux, also called Bourgainville. "Two steps from the Kings Way (Chemin du Roy), you will stop at the Bourgainvillier, and a good stop it will be."

Halfway between Montréal and Québec City, on Rte. 138 or Hwy. 40, Exit 180. At Yamachiche, at the flashing lights, towards Shawinigan, Rte. 953, drive 3 km. Follow signs to St-Sévère, drive 5 km. Located at the heart of the village.

AU BOURGAINVILLIER
Lise Héroux
83 rue Principale
St-Sévère G0X 3B0
(819)264-5653
(514)668-3955

$30, $$ 40-45, ● 10
(1er : 4 ch) (2 sb)

| J | F | M | A | M | J | J | A | S | O | N | D |

Village agricole au cachet d'antan. Maison rustique, spacieuse, meublée à l'ancienne, 170 ans d'âge. 6 générations Héroux dit Bourgainville. Espaces verts. «À 2 pas du Chemin du Roy, au Bourgainvillier tu t'arrêteras, bonne halte tu y feras».

À mi-chemin entre Montréal et Québec, par rte 138 ou aut. 40, sortie 180. À Yamachiche, aux feux clignotants, direction Shawinigan, rte 953, faire 3 km. Suivre indication St-Sévère, faire 5 km. Situé au coeur du village.

10 STE-THÈCLE   F ℜ8 ▯

Stop at a farm between Montréal and Lake St-Jean in the beautiful country setting of "Les Filles de Caleb". Hunting grounds for small game near the Mauricie Park. We will be happy to have you on our dairy farm and to serve you generous home-made meals.

FERME MA-GI-CA
L. Leblanc et R. Tessier
1761 rang St-Thomas Sud
route 352
Ste-Thècle G0X 3G0
(418) 289-2260

Halte à la ferme entre Montréal et le Lac St-Jean au beau pays des «Filles de Caleb». Site de chasse au petit gibier près du Parc de la Mauricie. Nous sommes heureux de vous accueillir sur notre ferme laitière et de vous servir de copieux repas fait maison.

From Montréal, Hwy. 40 East, 55 North and Rte. 153 North to Ste-Thècle. Cross the railway tracks on the right, drive 5 km. From Québec City, Hwy. 40 West Exit 236, Rte. 159. At St-Tite, Rte. 153.

$ 25-30, $$ 45, ☻ 10-15
(1er : 3 ch) (2 sb)

J F M A M J J A S O N D

De Montréal, aut. 40 est et 55 nord, rte 153 nord jusqu'à Ste-Thècle. Traverser chemin de fer à droite, faire 5 km. Ou de Québec, aut. 40 ouest, sortie 236, rte 159. À St-Tite, rte 153.

AGRICOTOURS

L'accueil y était partout très chaleureux, le service sans faille, les lieux impeccables. Il est particulièrement agréable de faire la connaissance des gens d'ici en séjournant dans un gîte du passant.

Ste-Foy

Trois français en voyage qui ont été enthousiasmés dès le départ par la formule des gîtes du passant.

France

Parfait ! Accueil très chaleureux et beaucoup de contacts. Avec les hôtes, il y a eu beaucoup de discussions et de conseils pour notre voyage. On avait l'impression d'être des amis. Très bien pour la table et le confort.

France

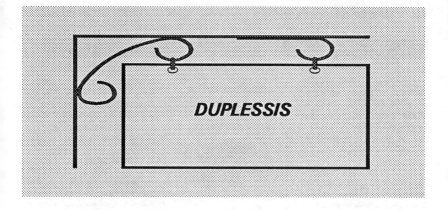

DUPLESSIS

* Les numéros sur la carte correspondent à la numérotation des Gîtes de la région.
* *The numbers on the map correspond to the numbers of each establishment within the region.*

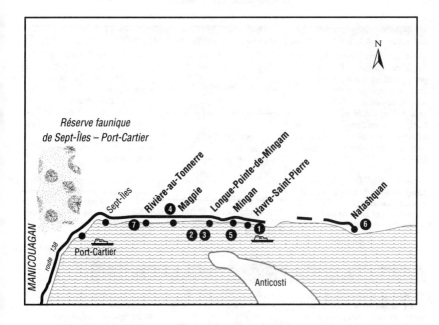

Duplessis is nature at its most breathtaking and extravagant with the Mingan archipelago and the wild beauty of Anticosti Island. The richness of the marine life has been made known around the world by the famous explorer Jacques Cousteau.

Ici la nature se permet les extravagances de l'archipel de Mingan et la beauté sauvage de l'île d'Anticosti. La richesse des fonds marins de la région a été révélée au monde par le célèbre commandant Jacques Cousteau.

1 HAVRE ST-PIERRE

F a ℜ0.1

Acadian house blessed with a large kitchen, where Mother Scherrer "fixes up" big delicious breakfasts from the North Shore: seafood, local berry jam... Your reservations can be taken care of at the Mingan Archipelago.

From Tadoussac, Rte. 138 East to Havre St-Pierre. At the entrance, turn right, continue to the Bank of Commerce and turn left on Rue Boréal.

LE GÎTE CHEZ LOUIS
Noëlla et Rémi Scherrer
1047 rue Boréal
Havre St-Pierre G0G 1P0
(418)538-2799/(418)538-3885

$ 30, $$ 45
(rc : 1 ch, 1er : 4 ch) (2 sb)
J F M A M J J A S O N D

Maison acadienne dotée d'une grande cuisine, où maman Scherrer «popote» les bons gros déjeuners de la Côte Nord: le déjeuner de fruits de mer, les confitures de plaquebière et de graines rouges... On s'occupe de vos réservations dans l'Archipel Mingan.

De Tadoussac, rte 138 est jusqu'au Havre St-Pierre. À l'entrée, tourner à droite, continuer jusqu'à la Banque de Commerce et tourner à gauche rue Boréal.

2 LONGUE-POINTE-DE-MINGAN

F A ⊘ ℜ0.2

Love at first sight for the Minganie region. Exotic site permeated by the wild smell of freedom. Unique establishment, well respected. View of the sea. Facing the islands, aquatic bird sanctuaries. Welcome dreamers, poets and adventure lovers. Non-smokers guest house.

From Sept-Iles, Rte. 138 East to Longue-Pointe-de-Mingan. Take the seaside road, close to the Station de Recherche des Baleines and ferries to Îles de la Minganie.

LA BÉCASSINE
Carole et Yves Chiasson
84 Bord de la mer
Longue-Pointe-de-Mingan
G0G 1V0
(418) 949-2049

$ 45, $$ 55, ☻ 10
(rc : 1 ch, 1er : 4 ch) (2 sb)
J F M A M J J A S O N D

Coup de coeur pour la Minganie. Site exotique et indompté d'où émane l'odeur sauvage de la liberté. Relais unique, hautement apprécié. Pignon sur mer. Face aux îles; sanctuaires d'oiseaux marins. Bienvenue rêveurs, poètes et amoureux d'aventure. Gîte non-fumeur.

De Sept-Iles, rte 138 est jusqu'à Longue-Pointe-de-Mingan Emprunter le bord de mer, à proximité de la Station de Recherche des baleines et croisières des Îles de la Minganie.

3 LONGUE-POINTE-DE-MINGAN

F a ♿ ℜ1

As well as a magnificent view of the ocean (our land "dips its toes" in the water), we will provide you with everything for a wonderful stay: calm, cheer, warm welcome... not to mention our copious breakfasts. We wish everyone a happy vacation.

From Québec City, Rte. 138 East to Longue-Pointe-de-Mingan. See the sign in the center of the village.

LA MAISONNÉE
Nicole et Gaétan Perron
3 rue du Centre
Longue-Pointe-de-Mingan
G0G 1V0
(418)949-2434/(819)336-3087

$ 35, $$ 50-55, ☻ 12
(rc : 3 ch, 1er : 2 ch) (3 sb)
J F M A M J J A S O N D

En plus d'une magnifique vue sur la mer (notre terrain a les deux pieds «dedans») vous trouverez chez-nous tout pour un agréable séjour: tranquillité, gaieté, accueil... sans oublier nos copieux déjeuners. Bonnes vacances à tous.

De Québec, rte 138 est jusqu'à Longue-Pointe-de-Mingan. Voir panneau indicateur au centre du village.

4 MAGPIE - RIVIERE ST-JEAN   F a 🚗 ℜ18

Welcoming house with the pleasant and simple comforts of home, a glassed-in terrasse with a panoramic view of the ocean, Anticosti Island and the magnificent Magpie Bay. Organised activities (fishing, hiking, canoeing, mountain biking). Friendly, active atmosphere.

From Québec City, Rte. 138 East, towards Havre-St-Pièrre; drive 18 km past Rivière-au-Tonnerre; watch for the first entry to the village on the right (follow the signs for the "Halte Touristique").

LA MAISON DU VIKING
France et Alain Carpentier
132 De la Riye
Magpie - Rivière St-Jean
G0G 1X0
(418)949-2822/(418)235-4796

$ 35, $$ 50, ☻ 0-15
(rc : 1 ch, 1er : 3 ch) (2 sb)
J F M A M J J A S O N D

Maison accueillante, confort agréable et simple, grande terrasse vitrée avec vue panoramique sur la mer, l'Île Anticosti et la magnifique baie de Magpie. Activités organisées (pêche, randonnées, canotage, vélo de montagne). Ambiance amicale et dynamique.

De Québec, rte 138 Est, direction Havre-St-Pierre; faire 18 km après Rivière-au-Tonnerre; surveiller la 1ère entrée dans le village à droite (suivre panneau «Halte touristique»).

5 MINGAN   F a ⊘ ♿ 🚗 ℜ7

Ancestral home near the ocean, a craft boutique, with a salmon and trout fishing club 1.4 km away. Perfect haven for canoeing, waterskiing, diving. Whales are sometimes visible from our home. Generous breakfast with home-made jam made from local berries.

From Tadoussac, Rte. 138 East to Mingan. 900 ft. from the ferry boarding dock (3) you'll find the whales and puffins of Mingan and Anticosti Islands.

LE GÎTE DU VISITEUR
Ghislaine et Jules
6 du Quai, route 138
Mingan G0G 1V0
(418) 949-2475

$ 35, $$ 45, ☻ 10-12
(rc : 1 ch, 1er : 3 ch) (2 sb)
J F M A M J J A S O N D

Maison ancestrale près de la mer, d'un kiosque d'artisanat, club de pêche au saumon et à la truite à 1.4 km. Hâvre idéal pour canotage, ski nautique, plongée sous-marine. Baleines visibles du gîte. Déjeuner copieux avec confitures de plaquebière et pimbina.

De Tadoussac, rte 138 est jusqu'à Mingan. À 900 pieds du quai d'embarquement des croisières (3) aux baleines et aux macareux des "îles Mingan et d'Anticosti).

6 NATASHQUAN   F a 🐕 🚗 ℜ1

Le "Port d'Attache" is a small house where the welcome is very warm and personalised. Fishing in season, festival of the fisherman, relaxing strolls, river to discover and fruit picking. Natashquan is the hometown of the Québecois poet Gilles Vigneault.

By boat, ask at the Relais Nordique: from Havre-St-Pierre (418) 538-3533 or from Rimouski (418) 723-8787. By plane call Inter-Canadien for information from Montréal (514) 636-3890 or 1-800-361-0200.

LE PORT D'ATTACHE
Magella Landry
chemin Dupré, route 138
Natashquan G0G 2E0
(418) 726-3569

$ 28, $$ 39
(1er : 3 ch) (1 sb)
J F M A M J J A S O N D

Le «Port d'Attache» est une petite maison où l'accueil est très chaleureux et personnalisé. Pêche en saison, festival du pêcheur, calmes randonnées, rivière à découvrir, cueillette de fruits. Natashquan est le village du poète Gilles Vigneault.

Par bateau, s'informer à Relais Nordique: du Havre-St-Pierre (418) 538-3533 ou de Rimouski (418) 723-8787. Par avion, s'informer à Inter-Canadien, de Montréal (514) 636-3890 ou 1-800-361-0200.

7 RIVIÈRE-AU-TONNERRE   F a ℜ0.1

Whales to starboard! Monoliths to port! Bring your brushes and easels; marvels and inspiration await! Come encounter friendly people, salty air and soft sand. Located by the sea. Art gallery on site.

From Sept-Iles, Rte. 138 East to Rivière-au-Tonnerre. Our establishment is located 20 km from the whale crossings.

LA CHICOUTÉE
Sylvie Blain
384 Jacques-Cartier
route 138
Rivière-au-Tonnerre G0G 2L0
(418)465-2233

$ 35-40, $$ 45-50, ☻ 10-15
(1er : 3 ch) (2 sb)
J F M A M J J A S O N D

Baleines à babord! Monolithes à tribord! Apportez vos pinceaux et chevalets; l'inspiration, l'émerveillement vous attendent. C'est un rendez-vous avec la chaleur des gens, l'air salin et le sable fin. Situé au bord de la mer. Galerie d'art sur place.

De Sept-Iles, rte 138 est jusqu'à Rivière-au-Tonnerre. Le gîte est situé à 20 km des croisières aux baleines.

ESTRIE

* Les numéros sur la carte correspondent à la numérotation des Gîtes de la région.
* *The numbers on the map correspond to the numbers of each establishment within the region.*

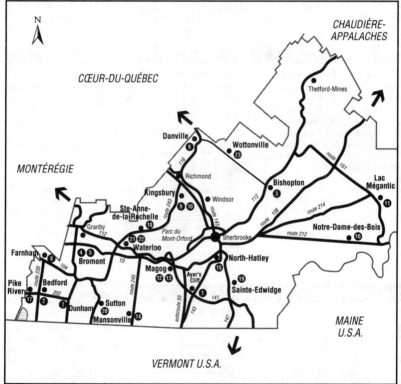

Covering the southern part of Québec, this area of renowned holiday resorts in a backdrop of lakes and mountains, boasts 200 years of harmony between Anglophone and Francophone Canadians.

Tout au sud du Québec, une région de villégiature renommée dans un décor de lacs et de montagnes, 200 ans de relations entre Anglo-Saxons et Français d'Amérique.

1 AYER'S CLIFF   F 🚐 🍴

Dairy farm. Activities abound in the region. One hundred year-old house nestled in a calm area, home-made food. Swimming in the Massawippi Lake is only 3 km away, summer theatre, Coaticcok Gorge, golf course 15 min. away, cross-country and downhill skiing.

From Montréal, Hwy. 10 East, Exit 121. Hwy. 55 South, Exit 21, Rte. 141 South. Approximately 2.5 km after the intersection of Rte. 143, take Chemin Audet left. Large white house on the hill.

Cécile et Robert Lauzier
3119 chemin Audet, rte 1
Ayer's Cliff J0B 1C0
(819) 838-4433

$ 40, $$ 50, ☺ 10
(1er : 3 ch) (2 sb)
J F M A M J J A S O N D

Ferme laitière. Les environs fourmillent d'activités. Endroit tranquille, maison centenaire, nourriture maison. Baignade au lac Massawippi à 3 km, théâtre d'été, gorge de Coaticook, ski de fond, ski alpin, golf à 15 min. Près de North-Hatley, du Mont-Orford et de Magog.

De Montréal, aut. 10 est, sortie 121. Aut. 55 sud, sortie 21, rte 141 sud. Environ 2.5 km après l'intersection de la 143, prendre chemin Audet à gauche. Grosse maison blanche sur la côte.

2 BEDFORD   F A 🐕 🐾 O

Old country home where flowers, good taste and comfort abound. Our B & B will enchant you. On the menu: delicious breakfast. Near by: Mississiquoi Museum, vineyards, Lac Champlain and Vermont. Cyclists may use barn for bikes.

From Montréal, Hwy. 10 East, Exit 22. Hwy. 35 South and Rte. 133 South. At St-Pierre-de-Veronne, Rte 202. In Bedford, first street to your right after railroad track, fourth house on your left.

L'OCCASION
Margo Chadwick
11, avenue des Pins
Bedford J0J 1A0
(514)248-2712/(514)248-2271

$ 45, $$ 55, ☺ 15
(1er : 2 ch) (1 sb)
J F M A M J J A S O N D

Maison centenaire où fleurs, bon goût et confort abondent. Notre gîte vous enchantera. Au menu: déjeuner succulent. À proximité: Musée Mississiquoi, vignobles, Lac Champlain et le Vermont. Grange disponible pour vélos.

De Montréal, aut. 10 est, sortie 22. Rtes 35 sud et 133 sud. À St-Pierre-de-Véronne, rte 202. À Bedford, 1ère rue à droite après la voie ferrée, 4e maison à gauche.

3 BISHOPTON   F A 🐩 🚐 R3 VS MC

We invite you to our little farm by the lake. Have your breakfast on the terrace while birdwatching. Warm hospitality, cosy rooms, afternoon tea. Antique shop, golf nearby, private beach, cross country skiing on property, ice fishing, sleigh ride. Summer theatre…

From Montréal, Hwy 10 East, Exit 140 Sherbrooke - King East, Rte 112 east, between East Angus and Weedon, take Rte 255 North, turn left immediately on Bloomfield for 1 km, turn right on Gosford.

AU RELAIS DES
MÉSANGES
Jany et Jean Van Grimbergen
35 Gosford
Bishopton J0B 1G0
(819) 884-2237

$ 35, $$ 45-50, ☺ 5 -10
(1er : 3 ch) (2 sb)
J F M A M J J A S O N D

Petite ferme en montagne au bord du lac. Déjeuner sur la terrasse en observant les oiseaux. Vous verrez gambader les chevreaux et pourrez nourrir les lapins et les poules. Atmosphère familiale, chambres douillettes. Plage, sentiers d'été en forêt, pédalo, canot, théâtre d'été…

De Montréal, aut. 10 est, sortie 140 Sherbrooke - King est (112). Rte 112 jusqu'à la jonction rte 255 nord, faites 50 pieds et tourner à gauche sur Bloomfield, faire 1 km, tourner à droite sur Gosford.

4 BROMONT

F a 🚗 ℜ0.7

Happy to share our enchanting site with you! Situated on a mountainside, with a panoramic view, our home opens its doors to you: two living rooms, a fireplace, cosy rooms, swimming pool and an unforgettable breakfast. The only thing missing is you.

From Montréal, Hwy. 10 East, Exit 78. Blvd. Bromont to Champlain on the right. Cross the golf course, keep going, and drive 0.5 km past the ski hill. White and green house on the right.

CROISSANT DE LUNE
Francine Bonin et
Claude Lussier
104 rue Champlain
Bromont J0E 1L0
(514) 534-1470

$ 40-55, $$ 55-80
(1er : 5 ch) (2 sb)

J F M A M J J A S O N D

Heureux de partager avec vous ce site enchanteur! Située en flanc de montagne, vue panoramique, notre maison vous ouvre ses portes: deux salons, un foyer, des chambres douillettes, une piscine creusée et un déjeuner inoubliable. Il n'y manque que vous.

De Montréal, aut. 10 est, sortie 78. Boul. Bromont jusqu'à Champlain à droite. Traverser le golf, continuer et faire 0.5 km après la station de ski. Maison blanche et verte à droite.

5 BROMONT

F A 🐕 ℜ0.1 VS

A former farm house situated in the old village of Bromont, within walking distance of ski hill, golf course, water slide, mountain trails and open country. Down pillows, "gourmet" breakfasts, comfortable salon, wooded lawns and in ground swimming pool.

From Montréal, Hwy. 10 East, Exit 78, to Bromont. At traffic lights, turn right on Rte Shefford for 1.2 km.

GÎTE CHRISTOPHE
Christopher Roberts
951 rue Shefford
Bromont J0E 1L0
(514) 534-1683

$ 40-55, $ 60-70
(rc : 1 ch, 1er : 2 ch) (2 sb)

J F M A M J J A S O N D

Une maison chaleureuse située dans l'ancien village de Bromont. À proximité: centre de ski, golf, glissade, champs, boisés et montagnes. Oreillers duvet..., petits déjeuners «gourmets»..., bibliothèque, salon luxueux et piscine agrémenteront votre séjour.

De Montréal, aut. 10 est, sortie 78, direction Bromont. Aux feux de circulation, tourner à droite sur la rue Shefford, faire 1.2 km.

6 DANVILLE

F A ℜ0.2

Come spend some leisure hours with us in our majestic ancestral home located on property surrounded by trees and scented by flowers. Delicious breakfasts, served in the "porcelaine and lace" dining room. See you soon!

From Montréal, Hwy. 20 East, Exit 147, Rte. 116 to Danville. Or from Québec City, Hwy. 20 West, Exit 253 towards Plessisville, Rte. 116 to Danville. Turn left.

LA MAISON DES LORD
Marguerite et Gérard
168 rue du Carmel
Danville J0A 1A0
(819) 839-3867

$ 35, $$ 50-65
(1er : 3 ch) (3 sb)

J F M A M J J A S O N D

Venez vivre avec nous des heures de détente dans notre majestueuse maison ancestrale, située sur un terrain entouré d'arbres centenaires et parfumé de fleurs. Succulents déjeuners servis dans la salle à dîner «Porcelaine et dentelle». À très bientôt.

De Montréal, aut. 20 est, sortie 147, rte 116 jusqu'à Danville. Ou de Québec, aut. 20 ouest, sortie 253 direction Plessisville, rte 116 jusqu'à Danville. Tourner à gauche.

7 DUNHAM

F A ℛ2 VS MC

A stone house built by the first Eastern Townships loyalist pioneers. Wonderful panoramic view of flourishing orchards, private entrance, kitchen, rest room, swimming pool. For breakfast, we serve natural home-made food. Next door to Dunham vineyard.

Follow the signs for Dunham Vineyards. From Montréal, Hwy. 10, Exit 55. Rtes 139 South and 202 West. Located at 1 km West of Dunham village and at 1 km East of Côtes d'Ardoise vineyard.

DOMAINE PARADIS DES FRUITS
Rachel et Pierre Charbonneau
519 rte des Vins, rte 202
Dunham J0E 1M0
(514) 295-2667

$ 30-35, $$ 45-50, ☻ 10-15
(rc : 1 ch, 1er : 2 ch) (2 sb)

J F M A M J J A S O N D

Spacieuse maison de pierres construite par des pionniers loyalistes. Magnifique vue panoramique sur de florissants vergers. Entrée privée, cuisine, salon, piscine. Succulent déjeuner agrémenté de nos fruits. Voisin des fameux vignobles de Dunham.

Suivre les indications pour les vignobles de Dunham. De Montréal, aut. 10 est, sortie 55, Rtes 139 sud et 202 ouest. Situé à 1 km à l'ouest du village de Dunham et à 1 km à l'est du vignoble des Côtes d'Ardoise.

8 FARNHAM

F a 🚫 🐕 🚗 🛢

We welcome you to our home with open arms. We have three children from 9 to 13 years old. We operate a dairy farm. If you would like a breath of fresh air, come see us. Non-smokers only.

From Montréal, Hwy. 10 East, Exit 55. Rte. 235 South to Farnham. Follow the signs for Bedford. At the traffic light, after "Tapis Brazeau", first road on the right. Enter the cul-de-sac.

FERME VERNAL
Fernande et André Vigeant
150 chemin Jetté, R.R. #1
Farnham J2N 2P9
(514) 293-5057

$ 40, $$ 50
(1er : 2 ch) (1 sb)

J F M A M J J A S O N D

Bienvenue dans notre maison. Nous avons 3 enfants de 9 à 13 ans. Nous exploitons une ferme laitière. Si vous voulez prendre une bouffée d'air frais, venez nous voir. Nous aimons la joie de vivre. Gîte non-fumeur.

De Montréal, aut. 10 est, sortie 55. Rte 235 sud jusqu'à Farnham. Suivre les indications pour Bedford. Aux feux de circulation, après «Tapis Brazeau», 1er chemin à droite. Se rendre dans le cul-de-sac.

9 KINGSBURY

F a ℛ10

I am a geographer and I live in the back country of the Eastern Townships in a lovely house built in 1850. I will offer you space, and, if you'd like, excursions in the area. Reservations necessary. Discount for stays of two nights or over. Open weekends only.

From Montréal or Québec City, Hwy. 20, Exit 173, Hwy. 55, Exit 83. Rte. 243 towards Racine. Drive 5 km, turn left on Chemin Frank (which becomes a main road). Drive 3 km. Yellow house.

GÎTE DES DEUX MONDES
Pierre Bail
289 rue Principale
Kingsbury J0B 1X0
(819) 826-5329

$ 50, $$ 60, ☻ 15
(1er : 2 ch) (1 sb)

J F M A M J J A S O N D

Je suis géographe et j'habite dans l'arrière-pays estrien une aimable maison de 1850. Je vous y offre de l'espace et si souhaité, je propose des itinéraires toutes directions. Réservation obligatoire. Rabais séjour 2 nuits. Ouvert fin de semaine seulement.

De Montréal ou Québec, aut. 20, sortie 173, aut. 55, sortie 83. Route 243 vers Racine. Faire 5 km, tourner à gauche ch. Frank (qui change en rue principale). Faire 3 km. Maison jaune.

10 KINGSBURY

F A ⊘ ♿ 🚐 ⊘ℜ10

Panoramic escape to peaceful surroundings. Comfortable and welcoming home about 30 minutes from the major centers of the Eastern Townships. Copious breakfast in the sunroom. Relax in the whirlpool. See you soon!

From Montréal, Hwy. 10 East, Exit 78, Rte 241 North. At Waterloo, Rte. 243 North. Drive 10 km past Racine, turn on Chemin Champigny. Or Hwy. 20 East, Exit 173, Hwy. 55 South, Exit 83. At Racine, Rte. 243 South, drive 8 km, turn on Chemin Champigny.

FERME L'OISEAU BLEU
Marthe Roy
415 Oakhill, R.R.1
Route 243
Kingsbury J0B 1X0
(819) 826-2114

$ 40, $$ 50, ● 0-10
(rc : 2 ch, 1er : 1 ch) (1 sb)

J F M A M J J A S O N D

Évasion panoramique dans un environnement paisible. Gîte confortable et chaleureux à environ 30 min. des grands centres de l'Estrie. Copieux petit déjeuner dans la verrière. Détente dans un bain tourbillon. À bientôt.

De Montréal, aut. 10 est sortie 78, rte 241 nord. À Waterloo, rte 243 nord. Après Racine, faire 10 km, ch. Champigny. Ou aut. 20 est, sortie 173, aut. 55 sud, sortie 83. À Racine, rte 243 sud, faire 8 km, ch. Champigny.

11 LAC MÉGANTIC

F a 🚐 ℜ0

The peace of our century-old home awaits you. At the edge of the lake, every summer activity is possible. Five minutes from the train station and from downtown. Living room, T.V., dining room and patio all reserved for guests. Interesting human interaction.

From Montréal or Sherbrooke, Hwy. 10, Rtes. 143 South, 108 East and 161 South. At Mégantic, cross the city. After the bridge, keep right. Third house after the bridge. 75 km from St-George-de-Beauce, 100 km from Sherbrooke.

HÉBERGEMENT
FRANCINE F. JACQUES
Francine F. Jacques
3502 Agnès
Lac-Mégantic G6B 1L3
(819) 583-3515

$ 25-35, $$ 35-45, ● 10
(1er : 5 ch) (3 sb)

J F M A M J J A S O N D

La quiétude de notre maison centenaire vous attend. Sur le bord du lac, toutes les activités estivales sont possibles. À 5 min. de la gare et du centre-ville. Réservé aux clients: salon, T.V., salle à manger, terrasse. Relations humaines intéressantes.

De Montréal ou Sherbrooke, aut. 10, rtes 143 sud, 108 est et 161 sud. À Mégantic, traverser la ville. Après le pont, garder votre droite. 3e maison après le pont. 75 km de St-Georges-de-Beauce, 100 km de Sherbrooke.

12 MAGOG

F A ⊘ ℜ7

Tranquil and beautiful mountain view, 16 km from the heart of Magog, 30 km from Vermont, Orford and summer theatre. Organic cultivation: vegetables, herbs, small fruits. Come and enjoy our delicious vegetarian breakfasts and exchange ideas. Thank you for not smoking in the house.

From Montreal or Sherbrooke, Hwy. 10, Exit 121 then 55 South to Exit 21. Or from Vermont, I-91 then Rte 55 north to exit 21. Go towards Magog for 1 km, turn left on Colline Bunker, drive 4 km.

FERME L'ÈRE NOUVELLE
Marion Fear et Paul Carignan
909 Colline Bunker, R.R. #1
Magog J1X 3W2
(819) 843-1742

$ 35-40, $$ 41-52, ● 12
(1er : 2 ch) (2 sb)

J F M A M J J A S O N D

À 16 km du coeur de Magog, 30 km du Vermont, d'Orford et des théâtres. Tranquillité et vue superbe des montagnes. Culture de légumes, fines herbes et petits fruits certifiés biologiques. Venez manger de délicieux déjeuners végétariens et partager les idées. Merci de ne pas fumer dans la maison.

De Montréal, aut. 10 est, sortie 121, aut. 55 sud, sortie 21. Faire 1 km vers Magog, tourner à gauche, Colline Bunker, faire 4 km. Maison à gauche au toit rouge.

13 MAGOG   F A 🚗 ℜ1

On the outskirts of Magog, 5 spacious rooms with sinks. Immense patio, exceptional view of Orford. 4 acre property with pool, orchard, garden. The winter is a special season: cross-country and downhill skiing 5 km away, reading and music by the fire.

From Montréal or Sherbrooke, Hwy. 10, Exit 118 towards Magog, drive 1.5 km. White house set back on the right.

LA SAUVAGINE
Louise Malépart
et André Poupart
975 Merry Nord
Magog J1X 2G9
(819) 843-9779

$ 50-80, $$ 65-80, ☻ 10
(1er : 4 ch, 2e : 1ch) (2 sb)
J F M A M J J A S O N D

À l'entrée de Magog, 5 chambres spacieuses avec lavabo. Immense terrasse, vue exceptionnelle sur Orford. Terrain de 4 acres avec piscine, verger, jardin. Vous aimerez aussi l'hiver: ski de fond et alpin à 5 km, lecture et musique au coin du feu.

De Montréal ou Sherbrooke, aut. 10, sortie 118 direction Magog, faire 1.5 km. Maison blanche en retrait à droite.

14 MANSONVILLE   F A ⊘ ℜ5

We have a beautiful view of Owl's Head and we are near Jay Peak and Sutton. Come appreciate the comfort of our rooms with private baths and taste our home-made special breakfast. Non-smokers only.

From Montréal or Sherbrooke, Hwy. 10, exit 106, Rtes. 245 South then 243 South, drive 6 km. On the left hand side, a big white house with a red roof.

LA CHOUETTE
France A. Fortier
560, Route de Mansonville
Mansonville J0E 1X0
(514) 292-3020

$ 45, $$ 60, ☻ 5-12
(rc : 1 ch, 1er : 2 ch) (3 sb)
J F M A M J J A S O N D

Situés dans une vallée avec une vue superbe d'Owl's Head, nous sommes près de Jay Peak et Sutton. Venez apprécier le confort de nos chambres avec salle de bain privée et déguster nos copieux petits déjeuners tout fait à la maison. Gîte non-fumeur.

De Montréal ou Sherbrooke, aut. 10, sortie 106. Prendre rtes 245 sud et 243 sud pour 6 km. À gauche, grande maison blanche avec un toit rouge.

15 NORTH-HATLEY   F A ⊘ 🐕 🚗 ℜ5 VS

For peace, tranquility, a place to get away, this is where you will want to stay. A smiling welcome to our mini-farm. Clean air, superb view to add to the charm. Quiet, restful, comfortable sleep at night. Good food to start your day off right. Non-smokers only.

From Montréal, Hwy. 10, Exit 121. Hwy. 55 South, Exit 29. Rte 108 East to North-Hatley. Leave 108, take Côte Sherbrooke to the end. Rte 143 South for 5 km. House on left, grey and blue.

LA CASA DEL SOLE
Sonya et Bob Bardati
R.R. #1
North-Hatley J0B 2C0
(819)842-4213/(819)822-9614

$ 35-40, $$ 50-55, ☻ 20
(ss : 2 ch, rc : 1 ch) (3 sb)
J F M A M J J A S O N D

C'est chez nous l'endroit idéal pour relaxer. Air pur, vue superbe des montagnes. Vous aurez tranquillité dans nos suites avec toilette privée, dormirez dans un très bon lit. Le petit déjeuner est complet et fait maison. 10% escompte personnes retraitées. Gîte non-fumeur.

De Montréal, aut.10, sortie 121. Aut. 55 sud, sortie 29. Rte 108 est jusqu'à North-Hatley. Laisser la 108. Côte Sherbrooke jusqu'au bout. Rte 143 sud pour 5 km. Tourner à gauche.

16 NOTRE-DAME-DES-BOIS   F A ⬛ 👤 ℛ7 ⬛

A dream come true! A country house on the hill were we raise our goats. In the kitchen, the bread is rising and the spinning wheel is back to work in a home filled with arts and crafts. Come and live this adventure with us.

From Sherbrooke, Rtes 143 South, 108 East and 212 East until Notre-Dame-des-Bois. Take the church hill on your right to the end for 7 km. Turn to your right and drive 1 km.

LA CHÈVRÈMÉE
Jacqueline Lemieux
et Serge Burke
36 Rang 10 ouest
Notre-Dame-des-Bois J0B 2E0
(819) 888-2487

$ 30, $$ 40, ☻ 10
(1er : 3 ch) (2 sb)
J F M A M J J A S O N D

Un vieux rêve réalisé! Une maison perchée dans les montagnes où nous faisons l'élevage des chêvres. Sur le réchaud, le pain s'est levé, le rouet s'est remis à la tâche, les chevreaux sont devenus artisans. Vivez l'aventure avec nous, on vous attend.

De Sherbrooke, rtes 143 sud, 108 est et 212 est jusqu'à Notre-Dame-des-Bois. Prendre la côte de l'église à droite et faire 7 km jusqu'au bout du rang. Tourner à droite, faire 1 km.

17 PIKE-RIVER   F A ⊘ ⬛ 🐕 ℛ2

In a prosperous agricultural area, our family owns a large dairy farm. New house on a quiet riverside. Comfortable rooms. Hearty breakfast. Visit to the farm. Children welcome. Close to Lake Champlain and mountains. Hot air balloon Festival, White Fishing. Perfect for cyclists.

From Montréal, Champlain Bridge, Hwy. 10 East, Exit 22, Hwy. 35, then Rte. 133 to St-Pierre-de-Vérone, Pike-River. At traffic lights, turn left on Chemin des Rivières, drive 1.5 km. Pink brick house.

LA VILLA DES CHÊNES
Noëlle et Rolf Gasser
300 ch. Desrivières
St-Pierre-de-Vérone à
Pike-River J0J 1P0
(514) 296-8848

$ 35, $$ 50-55
(1er : 3 ch) (3 sb)
J F M A M J J A S O N D

Au bord de la rivière, notre demeure offre calme, confort et hospitalité. Chambres spacieuses, déjeuners: spécialités suisses. À 1 h. de Montréal, sur la rte des vins, proche du lac et des montagnes. Visite à la ferme, festival des mongolfières. Idéal pour cyclistes.

De Montréal, pont Champlain, rte 10 est, sortie 22 vers St-Jean, rtes 35 sud et 133 jusqu'à St-Pierre-de-Vérone à Pike-River. Aux feux, tourner à gauche sur ch. Desrivières pour 1.5 km.

18 STE-ANNE-DE-LA-ROCHELLE   F a ℛ16 ⬛

We'll welcome you with a big smile to our farm to enjoy our daily life, good meals with farm products, good conversation or serenity by the river. Our lambs, hens and ducks will talk to you too. Package deal for family.

From Montréal or Sherbrooke, Hwy. 10 to Exit 90. Drive North on Rte 243, direction Waterloo and Ste-Anne-de-la-Rochelle. 2 km from the village to the «Bergeries» sign.

LE ZÉPHIR
Huguette et Claude Paquin
421 Principale, route 243
Ste-Anne-de-la-Rochelle
J0E 2B0
(514) 539-3746

$ 25, $$ 40, ☻ 8-10
(1er : 3 ch) (2 sb)
J F M A M J J A S O N D

C'est avec un grand sourire que nous t'accueillerons sur notre ferme pour y partager notre quotidien, déguster nos produits maison, échanger ou te retirer avec la sérénité de la rivière. Moutons, poules et canards te causeront aussi. Forfait famille.

De Montréal ou Sherbrooke, aut. 10, sortie 90. Rte 243 nord vers Waterloo et Ste-Anne-de-la-Rochelle. À 2 km du village à l'enseigne «Bergerie».

19 STE-EDWIDGE

F a ℜ20 ♀

We have a dairy farm and 3 sons aged 16, 21 and 24, living at home. We make old-fashioned sugar, the garden and the flowers are our pride and joy. We have been sharing rich experiences with travellers for 17 years. Welcome to our home.

From Sherbrooke, Rte. 143 South to Lennoxville. Rte. 108 East, drive 5 km. Rte. 251 South to Ste-Edwidge. Follow Rte. 251 South after the village to the Chemin Ste-Croix, second farm on the right.

FERME DE LA GAIETÉ
Rita et Roger Hébert
43 ch. Ste-Croix
Ste-Edwidge J0B 2R0
(819) 849-7429

$ 30, $$ 50, ☻ 15
(1er : 1 ch) (2 sb)
J F M A M J J A S O N D

Nous exploitons une ferme laitière avec 3 des garçons de 16, 21 et 24 ans qui vivent avec nous. Nous faisons les sucres à l'ancienne, le jardin et les fleurs sont notre fierté. Nous partageons de riches expériences avec les vacanciers depuis 17 ans. Bienvenue.

De Sherbrooke, rte 143 sud jusqu'à Lennoxville. Rte 108 est, faire 5 km. Rte 251 sud jusqu'à Ste-Edwidge. Suivre la rte 251 sud après le village jusqu'au chemin Ste-Croix, 2e ferme à droite.

20 SUTTON

F a ♿ 🐕 🚗 ℜ5 VS

Very large century-old house, warm and comfortable. Living room with fireplace. In summer, veranda and pool. Late breakfasts. Refined dinner. A place for people travelling alone, as a couple, as a group, for its calm, food and its revitalizing activities.

From Montréal, Hwy. 10 East, Exit 74 towards Cowansville. Turn left until the 139 towards Sutton. At the center of Sutton, Rte. 215 North for 5 km. At Sutton, take Chemin Mt-Echo for 1 km.

LE PIC-À-BOIS
Denise Potvin
389 ch. Mont-Echo
Sutton J0E 2K0
(514) 538-3776

$ 40-50, $$ 60-70, ☻ 15
(rc : 2 ch, 1er : 3 ch) (7 sb)
J F M A M J J A S O N D

Très vaste maison centenaire, chaleureuse et confortable. Salon avec foyer. L'été, véranda et piscine. Petit déjeuner tardif. Repas du soir raffiné. Un gîte à adopter seul, en couple, en groupe. Son calme, sa bouffe et ses activités ressourçantes pour vous combler.

De Montréal, aut. 10 est, sortie 74 vers Cowansville. À gauche jusqu'à la 139 vers Sutton. Au centre de Sutton, rte 215 nord pour 5 km. À Sutton, jct le ch. Mt-Echo pour 1 km.

21 WATERLOO

F a 🚗 ℜ1

At peace in nature, in the heart of the Eastern Townships, an ancestral home (1834) reveals its secrets. Stay here one night, on a sporting vacation or for a relaxing time. Delicious home-made food is always available.

From Montréal, Hwy. 10 East, Exit 78, Rte 241 left for 10 km. At the traffic lights, left on Rue Western. Or from Sherbrooke, Hwy. 10 West, Exit 90, left on Rte 112 for 3 km. Left on Allen.

AU COQ DU VILLAGE
Denise et Yvon Lauzière
911 rue Western
Waterloo J0E 2N0
(514)539-4700/(514)539-3373

$ 30-35, $$ 50-54, ☻ 5
(1er : 3 ch) (2 sb)
J F M A M J J A S O N D

En accord avec la nature, au coeur des Cantons-de-l'est, une maison ancestrale (1834) vous dévoile ses secrets. Pour une nuit de passage, une vacance sportive, une halte de relaxation; de bons petits plats de la maison vous attendent.

De Montréal, aut. 10 est, sortie 78, rte 241 à gauche sur 10 km. Aux feux de circulation, à gauche rue Western. Ou de Sherbrooke, aut. 10 ouest, sortie 90, à gauche rte 112 sur 3 km. À gauche rue Allen jusqu'à Western.

22 WATERLOO

F A ♿ 🚚 ℜ3

In the heart of the Eastern Township mountains, come take a breath of fresh air. The countryside is relaxing. Home-made breakfast. Delight in waking up to the birds singing. Near Bromont, Shefford and Orford. Evening meal upon request.

From Montréal, Hwy. 10 East, Exit 78 Bromont. At the traffic lights, Rte. 241 North towards Waterloo. Drive 3 km.

LE VERSANT
Rita et Amédée Perras
1552 rte 241
Waterloo J0E 2N0
(514) 539-2983

$ 25, $$ 45, ☿ 10-15
(ss : 1 ch, rc : 2 ch) (1 sb)

J F M A M J J A S O N D

Au coeur des montagnes de l'Estrie, venez prendre une bouffée d'air frais. Le paysage est calme et reposant. Petit déjeuner fait maison. Savourez votre réveil avec le chant des oiseaux. À proximité de Bromont, Shefford et Orford. Repas du soir sur demande.

De Montréal, aut. 10 est, sortie 78 Bromont. Aux feux de circulation, rte 241 nord direction Waterloo. Faire 3 km.

23 WOTTONVILLE

F A ℜ7 VS MC

Spacious log home with 6 greens gables. Recently built in a wooden area near a small river with thousand of melody and marvelous aroma. These natural spaces are bringing us quiet way of life, interior peace and the taste to sharing this with you.

From Montréal Hwy. 20 East Exit 147, Rte 116 East to Danville, Rte 255 to Wottonville. In the village, turn left: drive 2 km, right: drive 1 km, left: drive 3 km, right: drive 3 km, right: drive 150 meters.

LE SUZANIEL
Suzanne et Daniel
42 Rang 16
Wottonville J0A 1N0
(819) 828-3070

$ 40-45, $$ 55-60, ☿ 15-20
(1er : 3 ch) (1 sb)

J F M A M J J A S O N D

Spacieuse maison de bois rond coiffée de 6 pignons. Située au coeur d'un boisé près d'une rivière aux milles mélodies et aux parfums sublimes. Ces espaces champêtres nous apportent douceur de vivre, paix intérieure et le goût de les partager avec vous.

De Montréal, aut. 20 est, sortie 147. Rte 116 est jusqu'à Danville, rte 255 sud jusqu'à Wottonville. À la croisée, tourner à gauche: faire 2 km, à droite: faire 1 km, à gauche: faire 3 km, à droite: faire 3 km, à droite: faire 150 mètres.

AGRICOTOURS

This is a quaint and picturesque house with a host who is warm and friendly. We enjoyed our brief stay.

Bridgeville, Pennsylvania

We were treated like old friends. They went far out of their way to tell us of local sights. In short, they enriched our stay by telling us about the area in which they live. These are very special people.

New York

Very pleasant! Our knowledgeable host anticipated our needs and answered our questions at every turn. It's good to see someone who genuinely enjoys his "work" A wonderful introduction to Montreal !

Cincinnati. Ohio

Tables Champêtres^MC et Promenades à la Ferme

Tables Champêtres^MC

Pour des rencontres entre parents et amis, pour souligner un anniversaire, pour marquer un événement spécial, pour célébrer des retrouvailles, les hôtes des Tables Champêtres offrent tout au long de l'année dans l'intimité de la salle à manger de leur maison de ferme, un repas aux menus recherchés composés de produits provenant directement de la ferme.

Promenades à la Ferme

Une Promenade à la Ferme, c'est une visite de quelques heures sur des fermes qui offrent différents programmes d'activités de loisir. La Promenade à la Ferme est conçue pour des groupes. Certaines fermes offrent également des "Journées portes ouvertes" au grand public.

Coleraine Ferme Tatonka (418) 423-7191	**Oka** Petite maison dans la prairie (514) 479-6372	**Roxton Pond** Ferme Québécoise (514) 372-7744
Rougemont Ferme Lili Turgeon (514) 469-3818	**Ste-Cécile-de-Milton** Les Écuries El-Poco (514) 372-5466	**Rougemont** La Maison Chez-nous (514) 469-3833

Pour obtenir la publication Tables Champêtres et Promenades à la Ferme, veuillez compléter le bon de commande à la fin de cette publication. Pour plus d'informations, contactez la **Fédération des Agricotours du Québec au 514-252-3138.**

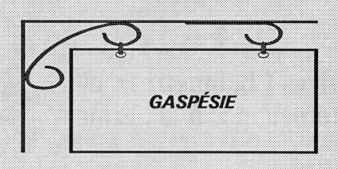

GASPÉSIE

* Les numéros sur la carte correspondent à la numérotation des Gîtes de la région.
* *The numbers on the map correspond to the numbers of each establishment within the region.*

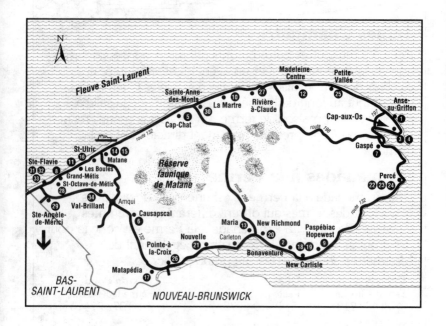

This well-photographed region contains spectacular landscapes, the well known Percé rock, a maritime climate and many attractions. Attention fish and seafood lovers - this is the place for you!

Des paysages spectaculaires, le célèbre Rocher Percé, un climat maritime et des attractions à satiété. Avis aux gourmands de poisson et de fruits de mer.

1 ANSE-AU-GRIFFON F a

Century-old house, located near a small fishing port on the edge of Parc Forillon. Working atmosphere, welcoming, easily-made contacts, relaxation areas and interesting activities. Our objective: that you feel at home.

From Québec City, Hwy. 20 East, Rte. 132 East to Anse-au-Griffon. At the beginning of Cap-des-Rosiers, on the right.

GÎTE FORILLON
Géraldine Gaul
934 boul. Griffon, route 132
Anse-au-Griffon G0E 1A0
(418) 892-5335

$ 30, $$ 45, ☻ 5-10
(1er : 3 ch) (2 sb)
J F M A M J J A S O N D

Maison centenaire située près d'un petit port de pêche en bordure du Parc Forillon. Milieu ouvrier, accueillant, contacts faciles, endroits de détente, activités intéressantes. Notre objectif: que vous vous sentiez chez vous.

De Québec, aut. 20 est, rte 132 est jusqu'à Anse-au-Griffon. À l'entrée de Cap-des-Rosiers, sur la droite.

2 BONAVENTURE, THIVIERGE F 🚚 ℜ8

Here, the atmosphere is as warm as the wool from our sheep. Life is healthy and filled with the pleasure of meeting people who want to share our environment. Holidays at your pace, numerous tourist activities. We will tell you....

From Québec City, Hwy. 20 East, Rte. 132 East to Bonaventure West. Take Forest Street (located beside the Molson/O'Keefe warehouse) and drive 4.5 km, you are at Thivierge, turn right and drive 1 km.

Pauline et Renaud Arsenault
188 Thivierge
Bonaventure G0C 1E0
(418) 534-2697

$ 30, $$ 40, ☻ 8-14
(1er : 3 ch) (2 sb)
J F M A M J J A S O N D

Ici, l'atmosphère est aussi chaleureuse que la laine de nos moutons. La vie est saine et remplie du plaisir de rencontrer des gens qui aiment partager notre environnement. Vacances à votre rythme, nombreuses activités touristiques. Nous vous raconterons...

De Québec, aut. 20 est, rte 132 est jusqu'à Bonaventure ouest. Prendre la rte Forest (située voisin de l'entrepôt Molson/O'Keefe), et faire 4.5 km, vous êtes à Thivierge, tourner à droite et faire 1 km.

3 CAP-AUX-OS, FORILLON F a ℜ0.5

Sea and nature lovers, the "Gîte du Parc" is the perfect place for you. Facing a beautiful sandy beach, near the Parc Forillon, our charming establishment will surely be to your liking. A generous breakfast suited to everyone.

From Québec City, Hwy. 20 East, Rte. 132 East to Cap-aux-Os. Nextdoor to the grocery store "Omni". 30 km from Gaspé.

LE GÎTE DU PARC
Solange et Claude Cassivi
2045 route 132
Cap-aux-Os, Forillon
G0E 1J0
(418) 892-5864

$ 30, $$ 40-45, ☻ 7
(1er : 3 ch) (2 sb)
J F M A M J J A S O N D

Amoureux de la mer et de la nature, Le «Gîte du Parc» est pour vous l'endroit tout désigné. Faisant face à une belle plage de sable, à proximité du Parc Forillon, notre gîte saura vous charmer. Un copieux petit déjeuner comblera tous les appétits.

De Québec, aut. 20 est, rte 132 est jusqu'à Cap-aux-Os. Voisin de l'épicerie «Omni». 30 km de Gaspé.

4 CAP-AUX-OS, FORILLON FA⊘🐕🚗ℜ4

Relaxation with a hearty breakfast including local products and a good chat are guaranteed. Come and smell our flower gardens, visit the vegetable garden, meet our hens and rabbits. A trail leads you to Gaspé Bay and more discoveries. Non-smokers only.

From Gaspé, Rte. 132 to Parc Forillon, 3.5 km past Penouille, second house on the right. Or from Cap-des-Rosiers, Rte. 132 to Cap-aux-Os, 2.5 km past the church, on the Bay side.

LE GÎTE DU LEVANT
W. Zomer et G. Ouellet
1626 boul. Forillon, rte 132
Cap-aux-Os, Forillon
G0E 1J0
(418) 892-5814

$ 35-50, $$ 40-55, ❀ 5-10
(rc:1ch, 1er:2ch, 2e:1ch) (3sb)
J F M A M J J A S O N D

Le repos avec un bon petit déjeuner fait de produits locaux accompagné d'une bonne jasette, c'est assuré. Venez sentir nos jardins fleuris et visiter notre potager, rencontrer nos poules et lapins. Un sentier longe la baie et vous mène à la découverte. Gîte non-fumeur.

De Gaspé, rte 132 vers le Parc Forillon, 3.5 km après Penouille, la 2e maison à votre droite. Ou de Cap-des-Rosiers, rte 132 vers Cap-aux-Os, 2.5 km après l'église du côté de la baie.

5 CAP-CHAT FA🚗ℜ3 VS

Close your eyes and imagine yourself with us, enjoying the sound of the waves on the shore, the cries of the seagulls, the extraordinary sunsets... You will have a wonderful time with us. Visit the tallest vertical wind generator in the world just 2 km away.

From Québec City, Hwy. 20 East and Rte. 132 East to Cap-Chat. At the western entrance of Cap-Chat, our Canadian stone house is on your right-hand side.

AU CRÉPUSCULE
Monette Dion et Jean Ouellet
239 Notre-Dame ouest
route 132
Cap-Chat G0J 1E0
(418) 786-5751

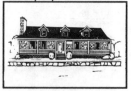

$ 30, $$ 45, ❀ 10
(ss : 3 ch, rc : 2 ch) (3 sb)
J F M A M J J A S O N D

Viens te joindre à nous, au son de la vague, au cri des goélands, ferme tes yeux comme au soleil couchant, tu passeras un temps charmant. Visitez la plus grosse éolienne à axe vertical au monde à 2 km. Centre d'interprétation des vents et de la mer.

De Québec, aut. 20 est, rte 132 est jusqu'à Cap-Chat. À l'entrée ouest de Cap-Chat, maison de pierres style canadien, face à la mer à votre droite.

6 CAUSAPSCAL FA🚗ℜ0.5

Your hosts welcome you at the "Pignons Verts", a lovely two-storey house built in the heart of Causapscal. If you like to take pictures, if your are a fan of cross-country cycling, hunting, fishing, skiing, golfing; Causapscal will thrill you.

Causapscal is located on Rte. 132, between Ste-Flavie and Matapédia. In front of Causapscal church, take St-Jean-Baptiste Street to the first street on the right (Morin).

LES PIGNONS VERTS
F. Bernier et R. Sauriol
100 rue Morin
Causapscal G0J 1J0
(418) 756-3754

$ 25, $$ 38, ❀ 0-10
(rc : 1 ch, 1er : 4 ch) (2 sb)
J F M A M J J A S O N D

Vos hôtes vous reçoivent chaleureusement aux «Pignons Verts», une maison pittoresque située au coeur de la ville de Causapscal. Amateurs de photographie, de vélo, de chasse, de pêche, de ski, de canotage, de golf; vous serez comblés.

Causapscal est situé sur la rte 132 entre Ste-Flavie et Matapédia. Face à l'église de Causapscal, prendre la rue St-Jean-Baptiste jusqu'à la rue Morin, 1ère rue à droite.

7 GASPÉ

F a 🐕 ℛ1

House located at Gaspé near Parc Forillon where you will find a warm welcome, hospitality and a beautiful view of the Baie de Gaspé. All this and a large home-made breakfast. Activities: high-sea cruises, excursions to the Parc Forillon.

From Québec City, Hwy. 20 East, Rte. 132 East. At the Gaspé Bridge, do not take the bridge, but keep going straight for 1 km along the bay. Or, from Percé, Rte 132 West, after Gaspé Bridge, turn left. Drive 1 km.

GÎTE DE LA BAIE
Blanche Fortin
270 Montée Wakeham
C.P. 1413, route 198
Gaspé G0C 1R0
(418) 368-2149

$ 35, $$ 45, ☻ 10
(rc : 1 ch, 1er : 3 ch) (2 sb)
J F M A M J J A S O N D

Maison située à Gaspé près du Parc Forillon où vous trouverez un accueil chaleureux, l'hospitalité et une belle vue sur la baie de Gaspé. Le tout couronné d'un copieux petit déjeuner maison. Activités: croisière en haute-mer, visite du Parc Forillon.

De Québec, aut. 20 est, rte 132 est. Au pont de Gaspé, ne pas prendre ce dernier et continuer tout droit, faire 1 km en longeant la baie. Ou de Percé, rte 132 ouest, après le pont de Gaspé, tourner à gauche et faire 1 km.

8 GRAND-MÉTIS

F A 🐩 🚐 ℛ8

Visit our unique scenic country site. A warm home, a fluffy bed, a hearty country breakfast, what could be better! Be our guests. Near the "Jardins de Métis" and with the sea so close you could drift away on a dream in our backyard.

From Québec City, Hwy. 20 East, Rte. 132 East. 800 meters east of the "Jardins de Métis", two storey white house on the north side of the road.

GÎTE DU GRAND-MÉTIS
Françoise et Claude Morel
216 route 132
Grand-Métis G0J 1Z0
(418) 775-4091

$ 35, $$ 45
(1er : 3 ch) (1 sb)
J F M A M J J A S O N D

Venez visiter notre coin de pays, aux airs pittoresques. Un foyer chaleureux, un lit douillet, un déjeuner copieux, quoi de mieux! Venez contempler la mer qui est à deux pas. Vous êtes nos invités. Près des «Jardins de Métis».

De Québec, aut. 20 est, rte 132 est. 800 mètres passé les «Jardins de Métis», maison blanche à deux étages au nord de la route.

9 HOPE-WEST, PASPÉBIAC

f A ⊘ 🚐 ℛ3 📱

Visit with us on our 5th generation farm. We serve an old fashioned breakfast of farm eggs, fresh biscuits, muffins and cinnamon rolls. Walk to the nearby beach on the Baie-des-Chaleurs or to the river on our property.

From Québec City, Hwy. 20 East, Rte. 132 East, direction south towards Matapedia to Hope West. Turn left 1 km past "Roland Roussy" garage in Hope. We are 100 km west of Percé.

LA FERME MACDALE
Anne et Gordon
365 route 132
Hope West, Paspébiac
G0C 2K0
(418) 752-5270

$ 28, $$ 40, ☻ 10
(1er : 2 ch, 2e : 1 ch) (3 sb)
J F M A M J J A S O N D

Rendez-vous visite sur notre ferme ancestrale (5 généra-tions). Nous servons un déjeuner à l'ancienne: oeufs frais, galettes, muffins et brioches à la cannelle maison. Promenade sur nos plages ou sur nos terres, qui mène à la rivière Bonaventure.

De Québec, aut. 20 est, rte 132 est direction sud vers Matapédia jusqu'à Hope West. 1 km après le garage «Roland Roussy», à votre gauche. 100 km à l'ouest de Percé.

10 LA MARTRE

F a 🐕 🚐 ℛ0.5

In an enchanting little village, facing the sea and surrounded by mountains, discover the peaceful country life. Generous breakfasts. Near the Parc de la Gaspésie. Lighthouse in the village.

LA MER VEILLE
Suzie Gagnon et Yves Sohier
2 rue Gagnon
La Martre G0E 2H0
(418) 288-5893

Dans un petit village enchanteur, face à la mer et entouré de montagnes, retrouvez la vie paisible de la campagne. Petits déjeuners copieux. À proximité du Parc de la Gaspésie. Phare dans le village.

From Québec City, Hwy. 20 East, Rte. 132 East to La Martre. Before the "Esso station", take Rte. Mont-Martre to the right then Rue Gagnon to the right. House with pink shutters.

De Québec, aut. 20 est, rte 132 est jusqu'à La Martre. Avant le garage «Esso», prendre la rte Mont-Martre à droite puis la rue Gagnon à droite. Maison aux volets roses.

$ 30, $$ 40
(1er : 3 ch) (2 sb)
J F M A M J J A S O N D

11 LES BOULES

F A 🐕 ℛ0.5

Near the "Jardins de Métis" (Métis Gardens), we will give you a warm welcome in our spacious house in a picturesque village beside the ocean. Golf course 2 km away, seafood restaurant 3 km away. This area is a must-see!

GÎTE AUX CAYOUX
Huguette et Gaétan
80 Principale
C.P. 129
Les Boules G0J 1S0
(418) 936-3842

Près des Jardins de Métis, on vous reçoit chaleureusement dans une maison spacieuse d'un petit village pittoresque, au bord de la mer. Golf à 2 km, restaurant de fruits de mer à 3 km. Il faut voir ce coin de pays!

From Québec City, Hwy. 20 East, Rte. 132 East. 15 minutes past Ste-Flavie, pass the Boule Rock golf course, go down towards the ocean. Turn left at the church.

De Québec, aut. 20 est, rte 132 est. 15 min. après Ste-Flavie, dépasser le golf Boule Rock, descendre vers la mer. À l'église, tourner à gauche.

$ 35, $$ 45, ☻ 10
(1er : 5 ch) (2 sb)
J F M A M J J A S O N D

12 MADELEINE-CENTRE

F a 🚐 ℛ1.5

Beautiful 80-year-old house, located near Route 132, looks out over the sea with a magnificent view. Perfect place to relax or do some bicycling. Very warm welcome and good selection for breakfast.

Huguette Lévesque
88 rue Principale
Madeleine-Centre G0E 1P0
(418) 393-2221

Belle grande maison de 80 ans, située près de la route 132, face à la mer avec point de vue magnifique. Emplacement idéal pour la détente et aussi pour les cyclistes. Accueil des plus chaleureux et table bien garnie au déjeuner.

From Québec City, Hwy. 20 East, to Ste-Flavie, Rte. 132 East to Madeleine-Centre. We are at the edge of the village as you come in.

De Québec, aut. 20 est, rte 132 est jusqu'à Madeleine-Centre. C'est au début du village.

$ 30, $$ 40, ☻ 10
(rc : 1 ch, 1er : 4 ch) (2 sb)
J F M A M J J A S O N D

13 MARIA

F A ⊘ 🚐 ℜ5

A quiet environment where the gentle bleating of the goats will carry you peacefully to a good night's sleep. Fresh goat cheese and good coffee will fortify you for the rest of the day. Our neighbours are the sea and the mountains. Come and share the hospitality of the Gaspé. Non-smokers only.

From Québec City, Hwy. 20 East and then Rte. 132 to Maria. West of the church, take Rte. des Geais to 2nd Rang. Turn left and drive 3.4 km.

GITE DU VIEUX BOUC
L. Poirier et J. Boucher
140 rang 2
Maria G0C 1Y0
(418) 759-3248

$ 30, $$ 40, ☻ 10
(rc : 1 ch, 1er : 2 ch) (1 sb)
J F M A M J J A S O N D

Un environnement paisible où seul le bruissement de l'air salin et le doux bêlement des chèvres vous convaincra que l'hospitalité gaspésienne n'est pas qu'un beau sourire. Un bon café, du fromage de chèvre, la mer et la montagne, une expérience inoubliable. Gîte non-fumeur.

De Québec, aut. 20 est, rte 132 est jusqu'à Maria. Prendre la rte des Geais à l'ouest de l'église jusqu'au 2e rang, tourner à gauche et faire 3.4 km.

14 MATANE

F A ⊘ 🚐 ℜ0.1 VS MC

Former site of the Seigneurie Fraser, where the Matane River joins the St-Lawrence River. Take advantage of the calm and the fresh river air, near downtown Matane. Friendly, comfortable atmosphere. Sink in every room. Non-smokers only.

From Québec City, Hwy. 20 East, Rte. 132 East. At Matane, Avenue du Phare, after the "Tim Horton Donuts", right on Rue Druillette, at the 148, welcome and parking.

LA SEIGNEURIE
Diane et Benoît Bouffard
621 rue St-Jérôme
Matane G4W 3M9
(418) 562-0021

$ 37, $$ 55, ☻ 10-15
(1er : 3 ch, 2e : 2 ch) (2 sb)
J F M A M J J A S O N D

Ancien site de la Seigneurie Fraser au confluent de la rivière Matane et du fleuve St-Laurent. Profiter de la tranquillité et de l'air du fleuve, à proximité du centre-ville de Matane. Atmosphère chaleureuse et confortable. Lavabo dans chaque chambre. Gîte non-fumeur.

De Québec, aut. 20 est, rte 132 est. À Matane, avenue du Phare, après "Tim Horton", à droite rue Druillette, au 148, accueil et stationnement.

15 MATANE

F A ⊘ 🚐 ℜ2

If you like the sea, the song of the waves, and sunsets, our riverside home is the ideal holiday spot. Our wish: to ensure your comfort, provide interesting conversation, and good food. Non-smokers only.

From Québec City, Hwy. 20 East, Rte. 132 East to the entrance to the city of Matane. Turn left and continue to the Rue Matane-sur-Mer.

MAISON SUR LE FLEUVE
Jacqueline Lavoie
2112 rue Matane-sur-Mer
Matane G4W 3M6
(418) 562-2019

$ 35, $$ 45-50, ☻ 10
(1er : 4 ch) (3 sb)
J F M A M J J A S O N D

Vous aimez la mer, le chant des vagues, les couchers de soleil; notre maison située sur le bord du fleuve vous offre tout cela. Notre désir: vous assurez le confort, des rencontres agréables et une bonne table. Gîte non-fumeur.

De Québec, aut. 20 est, rte 132 est jusqu'à l'entrée de Ville de Matane. Tourner à votre gauche jusqu'à rue Matane-sur-Mer.

16 MATANE, ST-ULRIC   F a 🚗 ℜ4

After watching the fisherman work, buying some shrimp and visiting the migration path of the salmon, come to our place and breathe the pure river air, admire superb sunsets and taste our home-made jams. "Jardins de Métis" 40 km away.

From Montréal, Hwy. 20 East, Rte. 132 East. We are 45 km East of Ste-Flavie and 18 km West of Matane. Or from Gaspé, Rte. 132 North. From Matane, drive 18 km on the Rte. 132.

CHEZ NICOLE
Nicole et René Dubé
3371 route 132
St-Ulric ouest, Matane
G0J 3H0
(418) 737-4896

$ 30, $$ 35-40, ☻ 7
(1er : 3 ch) (2 sb)

J F M A M J J A S O N D

Après avoir regardé les pêcheurs à l'oeuvre, fait provision de crevettes et visité la passe migratoire de saumons; venez respirer l'air pur du fleuve, admirer les superbes couchers de soleil et déguster nos confitures maison. «Jardins de Métis» à 40 km.

De Montréal, aut. 20 est, rte 132 est. C'est à 45 km à l'est de Ste-Flavie et à 18 km à l'ouest de Matane. Ou de Gaspé, rte 132 nord. À Matane, faire 18 km sur la rte 132.

17 MATAPÉDIA   F a 🚗 ℜ5 VS MC

The charm of a former railroad station overlooking a salmon river. Rooms and whole floors available. On the main floor, a café-terrasse occasionally frequented by singers. Canoe-camping trips available in July and August upon reservation. Family room.

From Québec City, Hwy. 20 East to Ste-Flavie. Rte. 132 towards Matapédia. 5 km before the village. Or from Campbellton/N.B., Pte-à-la-Croix/Qué.: Rte. 132 West, drive 30 km.

CAFÉ L'ENTRACTE
Mireille et Germain Leblanc
50 boul. Perron ouest, rte 132
Matapédia G0J 1V0
(418)865-2734/(418)299-2443

$ 35, $$ 50, ☻ 5-10
(1er : 4 ch) (2 sb)

J F M A M J J A S O N D

Charme d'une ancienne gare située face à une rivière à saumon. Chambres et séjour à l'étage. Au rez-de-chaussée, café-terrasse fréquenté à l'occasion par des chansonniers. Forfait canot-camping en juillet-août sur réservation. Chambre familiale.

De Québec, aut. 20 est jusqu'à Ste-Flavie. Rte 132 vers Matapédia. C'est à 5 km avant le village. Ou de Campbellton/N.B., Pte-à-la-Croix/Qué.: rte 132 ouest, faire 30 km.

18 NEW CARLISLE   F A 🚗 ℜ0.1

We take pleasure in welcoming you to the historic home (1844) of former judge J.G. Thompson. Come discover the charm, intimacy, and warmth of the Gaspé of yesteryear. A bed and breakfast experience of historical value where heart and hearth await you. Guided tours and exhibitions.

From Québec City, Hwy. 20 East, Rte. 132 East to New Carlisle at the Baie-des-Chaleurs. Approximately 150 km from Matapédia/Campbellton. 125 km west of Percé.

LA MAISON DU JUGE THOMPSON
J. Connors et N. Desjardins
105 rue Principale, C.P. 754
New Carlisle G0C 1Z0
(418)752-6308/(418)752-5744

$ 40, $$ 45, ☻ 7
(1er : 5 ch) (4 sb)

J F M A M J J A S O N D

Avec plaisir, nous vous accueillons dans la séduisante maison historique (1844) du juge J.G. Thompson. Découvrez tout le charme et l'intimité de la Gaspésie d'antan. C'est une invitation spéciale à vivre avec nous un vrai «séjour d'époque». Visites commentées et expositions d'art.

De Québec, aut. 20 est, rte 132 est jusqu'à New Carlisle dans la Baie-des-Chaleurs. Environ 150 km de Matapédia/Campbellton. 125 km à l'ouest de Percé.

19 NEW CARLISLE   f A 🚐 ℜ5

Tranquil seaside environment with panoramic coastline view. Beside Fauvel Golf Course. Home-made jams, fresh fruit in season, eggs from our farm at breakfast. Supper with reservation. Handicrafts on display. August folk music and dance. Hiking, swimming.

From Québec City, Hwy. 20 East, Rte. 132 East, midway between New Carlisle and Bonaventure on the Baie des Chaleurs, the last house before the Fauvel Golf Course.

BAY VIEW MANOR
Helen Sawyer
395 route 132
Bonaventure est
New Carlisle G0C 1Z0
(418)752-2725/(418)752-6718

$ 25, $$ 35, ☻ 5
(1er : 3 ch) (2 sb)
J F M A M J J A S O N D

Profitez d'un séjour de détente près d'une magnifique plage et du terrain de golf Fauvel. Nous tissons des pièces artisanales. Déjeuner au goût et copieux, confiture et nourriture maison, oeufs frais de notre ferme. Soirées de musique et danse folklorique.

De Québec, aut. 20 est, rte 132 est, à mi-chemin entre Bonaventure et New Carlisle dans la Baie-des-Chaleurs. C'est la dernière maison avant le terrain de golf Fauvel.

20 NEW RICHMOND   F A ♿ 🚐 ℜ1.5 VS

Among beautiful white birch on the Baie des Chaleurs, our cottage awaits you with a warm welcome home-made breakfast and peaceful surroundings.

From Québec City, Hwy. 20 East, Rte. 132 East to New Richmond. Intersection 299 and New Richmond turn right, drive 3.5 km to rue de la Plage. Or from Percé turn left at same intersection.

GÎTE «LES BOULEAUX»
Pat et Charles Gauthier
142 de la Plage, C.P. 796
New Richmond G0C 2B0
(418) 392-4111

$ 30, $$ 40-50, ☻ 10
(ss : 1 ch, rc : 2 ch) (2 sb)
J F M A M J J A S O N D

Maison située dans une nature aux accents sauvages sur le bord de la Baie des Chaleurs. Accueil chaleureux, ambiance familiale, massothérapie et ateliers de créativité sur réservations.

De Québec, aut. 20 est, rte 132 est jusqu'à New Richmond. À l'intersection de la rte 299 et New Richmond, à droite, faire 3.5 km. Ou de Percé, intersection rte 299, tourner à gauche.

21 NOUVELLE   F a ℜ4

Our spacious house is part of a beautiful landscape near Carleton where the mountain meets the sea. A large yard for relaxation. Fossil museum at Miguasha within minutes by car. Ferry to New Brunswick. Full breakfast, home-made muffins and jams.

From Québec City, Rte. 132 East to Nouvelle. 4 km east of the church, watch for the sign next to the "Community Centre" near our home. From Percé, 225 km.

Marguerite et Lucie Gauthier
628 route 132 est
Nouvelle G0C 2E0
(418) 794-2767

$ 30, $$ 45, ☻ 10
(1er : 3 ch) (2 sb)
J F M A M J J A S O N D

Grande maison ancestrale avec cour où l'on peut relaxer. Centre de paléontologie de Miguasha à 10 km. Panorama splendide, plage: un oasis de paix. Près de Carleton et du traversier pour le Nouveau Brunswick. Confitures et muffins maison.

De Québec, aut. 20 est, rte 132 est jusqu'à Nouvelle. 4 km à l'est de l'église, surveillez le panneau indicateur, voisin du «pavillon communautaire». À 225 km de Percé.

22 PERCÉ

F A 🚫 🚐 ℜ0.8

Come join us for a warm welcome typical of the region, in the company of a real lobster fisherman. All this just a few steps away from the famous "Percé Rock" and the unforgettable Île Bonaventure. Non-smokers only.

From Québec City, Rte. 132 East to the village of Percé, entry opposite the pavillon "Le Revif". We are located close to the bus stop. White brick bungalow.

LE RENDEZ-VOUS
Anita Bourget
84 route 132
Percé G0C 2L0
(418) 782-5152

$ 35, $$ 40-45
(rc : 3 ch) (2 sb)
J F M A M J J A S O N D

Venez vous joindre à nous, à notre accueil chaleureux dans une ambiance typiquement gaspésienne en compagnie d'un véritable pêcheur de homards. Tout cela à quelques pas du célèbre «rocher Percé» et de l'inoubliable Île Bonaventure. Gîte non-fumeur.

De Québec, rte 132 est jusqu'au village de Percé, entrée face au pavillon «le Revif». Nous sommes situés à proximité de l'arrêt d'autobus. Bungalow en briques blanches.

23 PERCÉ

F A 🚐 ℜ0.2 VS

We live in the village, a long way from the street. Papa fished for lobsters, but now he takes people on hikes in the mountains. Mama likes art and makes masks. In the morning, she makes good breakfasts. I love having visitors. Léon, 6 years old.

From Québec City, Hwy. 20 East, Rte. 132 East to Percé. In the village of Percé look for "l'ex garage #224"; use side entrance to go to the back to #222.

L'EXTRA
Danielle, Denis et Léon
222 route 132 ouest
Percé G0C 2L0
(418)782-5347/(418)782-5054

$ 25, $$ 35, ● 8-12
(1er : 3 ch) (2 sb)
J F M A M J J A S O N D

Nous vivons au village, loin de la rue. Papa pêchait le homard. Maintenant, il guide des gens en montagne. Maman aime les arts et crée des masques. Le matin, elle fait de bons déjeuners. Et moi, j'aime la visite. Léon, 6 ans.

De Québec, aut. 20 est, rte 132 est jusqu'à Percé. Continuer jusqu'à «l'ex garage #224»; se diriger derrière l'ex garage au #222.

24 PERCÉ

F A 🐕 ℜ1

I invite you for a agreeable stay in a tranquil green space a few minutes' walk from the Percé Rock and the beach; the house is rustic. There is good coffee and an art gallery. Québécois artist who speaks English and Spanish.

From Québec City, Hwy. 20 East, Rte 132 East to Percé. 300 meters past the Petro Canada station, go North, in the Côte du Pic.

LA MAISON TOMMI
Marie-Josée
31 route 132
Percé G0C 2L0
(418) 782-5104

$ 23, $$ 36, ● 10
(rc : 1 ch, 1er : 2 ch) (2 sb)
J F M A M J J A S O N D

Je vous invite à une halte agréable dans un bel espace vert à quelques minutes de la plage et du rocher; la maison est rustique, il y a du bon café et une galerie d'art. Au plaisir. Artiste québécoise parlant français, anglais et espagnol.

De Québec, aut. 20 est, rte 132 est jusqu'à Percé. À 300 mètres du Pétro-Canada vers le nord, dans la Côte du Pic.

25 PETITE VALLÉE F a 🚗 ℜ1

On a long point stretching out to sea, far off Route 132 and one hour away (70 km) from the Parc Forillon, our house opens its doors wide to welcome you and provide you with numerous cultural, sporting and recreational activities.

From Québec City, Hwy. 20 East, Rte. 132 East to Petite Vallée. At the entrance to the village, after the "coukerie", take the first street on the left. At the fork, turn left.

LA MAISON LEBREUX
Denise Lebreux
2 Longue Pointe
Petite Vallée G0E 1Y0
(418) 393-2662

$ 35, $$ 45, ☻ 7-10
(1er : 5 ch) (3 sb)

J F M A M J J A S O N D

Sur une longue pointe qui s'avance dans la mer, en retrait de la route 132 et à une heure (70 km) du Parc Forillon, notre maison ouvre grandes ses portes pour vous accueillir et vous suggérer de nombreuses activités culturelles, sportives et récréatives.

De Québec, aut. 20 est, rte 132 est jusqu'à Petite Vallée. À l'entrée du village, après la «coukerie», prendre la 1ère rue à gauche. À l'embranchement, tourner à gauche.

26 POINTE-À-LA-CROIX F A 🚗 ℜ2

On the border of New Brunswick, I will receive you with a smile and a sense of humour in a comfortable house near Route 132. I will help you explore the Acadian culture. 4 rooms with sinks. Mic Mac museum, restaurants and panoramic viewpoint nearby.

From Québec City, Hwy. 20 East, Rte. 132 (Matapédia) Pointe-à-la-Croix. Take "Restaurant Interprovincial" Rte. towards New Brunswick. Or from the Gaspé, Rte. 132 to Pointe-à-la-Croix...

Rita et Marc Savoie
72 boul Interprovincial
Pointe-à-la-Croix G0C 1L0
(418) 788-2084

$ 25, $$ 38, ☻ 6-8
(1er : 5 ch) (2 sb)

J F M A M J J A S O N D

À la frontière du Nouveau-Brunswick, je vous reçois avec humour et bonne humeur dans une maison très confortable près de la rte 132. Je vous ferai connaître la culture acadienne. 4 chambres avec lavabo. Musée Mic Mac, restaurants et belvédère à proximité.

De Québec, aut. 20 est, rte 132 (Matapédia) sortie Pointe-à-la-Croix. Prendre route du «Restaurant Interprovincial» vers le Nouveau-Brunswick. Ou de Gaspé, rte 132 jusqu'à Pointe-à-la-Croix...

27 RIVIÈRE-À-CLAUDE F a 🚗 ℜ0.5

At the center of the village, facing the sea, ancestral home with large room and memories of the past. Fishing on the wharf: trout, mackerel, cod. Mont St-Pierre hang-gliding center 7 km away. Mont Jacques Cartier 40 km away.

From Québec City, Hwy. 20 East, Rte. 132 East to Rivière-à-Claude. Drive approximately 1 km past the church.

LA MAISON AUCLAIR
Annette et Henri Auclair
route 132
Rivière-à-Claude G0E 1Z0
(418) 797-2808

$ 30, $$ 40, ☻ 5
(rc : 1 ch, 1er : 4 ch) (2 sb)

J F M A M J J A S O N D

Au centre du village, face à la mer, maison ancestrale avec grandes chambres aux souvenirs d'autrefois. Pêche au quai: truite, maquereau, morue. À 7 km du centre de delta-plane du Mont St-Pierre. À 40 km du Mont Jacques Cartier.

De Québec, aut. 20 est, rte 132 est jusqu'à Rivière-à-Claude. Faire 1 km après l'église.

28 ST-OCTAVE-DE-MÉTIS F a 🚗 ℜ5

Five kilometres from Rte. 132. Come relax in the center of a little village at the foot of a mountain. Panoramic view of the river. Near the "Jardins de Métis", restaurants and tourist attractions. We await you with pleasure.

From Québec City, Hwy. 20 East, Rte. 132 East to the "Jardins de Métis". Take the road St-Octave to the right at the fork, then turn left. Drive 5 km, white house on the corner on the right.

Francine et Donald Ouellet
200 rue de l'église, C.P. 13
St-Octave-de-Métis G0J 3B0
(418) 775-7923

$ 25, $$ 40, ☯ 5-10
(1er : 3 ch) (2 sb)

J F M A M J J A S O N D

À 5 km de la route 132. Venez relaxer au centre d'un petit village au flanc de la montagne. Vue panoramique sur le fleuve. Près des «Jardins de Métis», restaurants et attractions touristiques. On vous attend avec joie.

De Québec, aut. 20 est, rte 132 est jusqu'aux «Jardins de Métis». Prendre embranchement St-Octave à droite puis tourner à gauche. Faire 5 km, maison blanche sur le coin à droite.

29 STE-ANGÈLE-DE-MÉRICI F ℜ0.2

Located at the entrance to the village where the magnificence of the calm is second only to the beauty of the mountains. To take a rest from noise and pollution, come listen to the murmur of the river and the birds' song. "Jardins de Métis" 13 km away. Near Route 132.

From Québec City, Hwy. 20 East, Rte. 132 East to Ste-Flavie. From there, towards Ste-Angèle via Mont-Joli. Drive 15 km. Second house on the left in the village.

Lucille et Jean-Paul
435 boul. de la Vallée
Ste-Angèle-de-Mérici
G0J 2H0
(418) 775-2290

$ 30, $$ 35
(rc : 1 ch, 1er : 2 ch) (2 sb)

J F M A M J J A S O N D

Situé à l'entrée du village où règne le calme dans la beauté des montagnes. Pour vous reposer du bruit et de la pollution, venez écouter le murmure de la rivière et le chant des oiseaux. «Jardins de Métis» à 13 km. Près de la route 132. Bienvenue.

De Québec, aut. 20 est, rte 132 est jusqu'à Ste-Flavie. De là, direction Ste-Angèle via Mont-Joli. Faire 15 km. 2e maison à gauche dans le village.

30 STE-ANNE-DES-MONTS F a 🐕 ℜ1

Spacious bungalow where travellers may come and go as they please through a separate entrance. Near Parc de la Gaspésie, Mont Albert and Jacques Cartier, golfing. I extend a warm invitation to you, whatever your age or nationality.

From Québec City, Hwy. 20 East, Rte. 132 East to Ste-Anne-des-Monts. Before the bridge, turn left on 1st Avenue. Beige brick house, third on the left.

CHEZ MARTHE ANGÈLE
Marthe-Angèle Lepage
268, 1ère Avenue ouest
Ste-Anne-des-Monts G0E 2G0
(418) 763-2692

$ 28-30, $$ 48, ☯ 5-10
(ss : 3 ch, rc : 2 ch) (3 sb)

J F M A M J J A S O N D

Bungalow spacieux où les vacanciers peuvent circuler tout à leur aise par une entrée indépendante. Parc de la Gaspésie, Monts Albert et Jacques Cartier, golf, équitation. Je vous invite chaleureusement quelque soit votre âge, votre nationalité.

De Québec, aut. 20 est, rte 132 est jusqu'à Ste-Anne-des-Monts. Avant le pont, tourner à gauche. À l'arrêt, tourner à gauche sur la 1ère ave. Maison de briques beige, 3e à gauche.

31 STE-FLAVIE   F a ⊘ ✗ 🐾 � 🚐 ℜ0.3

Picturesque house in the center of a village with an ocean view and access. "Jardins de Métis" 5 minutes away by car, craft boutiques and restaurants nearby, docks and fishing also available.

From Québec City, Hwy. 20 East to Cacouna. Rte. 132 East to Ste-Flavie. In the village, the North side of Rte. 132, 0.6 km East of the dock and 0.1 km East of the church.

Serge Lemay
518 Route de la Mer
Ste-Flavie, C.P. 24
G0J 2L0
(418) 775-7600

$ 30, $$ 40, ✪ 7
(1er : 3 ch) (1 sb)

J F M A M J J A S O N D

Maison pittoresque située au centre du village avec vue et accès direct sur le bord de la mer. Jardins de Métis à 5 min. en automobile, boutiques d'artisanat et restaurants sont à proximité, quai et pêche en haute mer sont voisins.

De Québec, aut. 20 est jusqu'à Cacouna. Puis rte 132 est jusqu'à Ste-Flavie. Dans le village, côté nord de la route 132 à 0.6 km à l'est du quai et 0.1 km à l'est de l'église.

32 STE-FLAVIE   F A 🐾 🚐 ℜ0.1

This is a super place! We have a relaxing stop by the ocean. You can walk on our large, wooded property right to the falls. "Jardins de Métis" 5 km away, art center 0.7 km away. We also have a large family room.

From Québec City, Hwy. 20 East, Rte. 132 East to Ste-Flavie. Drive to 571, route de la Mer.

LES CHUTES
Yvon et Aline Robert
571 route de la Mer
Ste-Flavie G0J 2L0
(418) 775-9432

$ 35, $$ 40, ✪ 12-15
(1er : 4 ch) (2 sb)

J F M A M J J A S O N D

Le site est super! C'est une halte reposante juste en face de la mer. Le terrain est grand et boisé; on peut y suivre un sentier longeant le ruisseau jusqu'à la chute. Jardins de Métis à 5 km, centre d'art à 0.7 km. Nous disposons d'une grande chambre familiale.

De Québec, aut. 20 est, rte 132 est jusqu'à Ste-Flavie. Se rendre jusqu'au 571, route de la Mer.

33 STE-FLAVIE   F a 🐾 ℜ5

I will be waiting for you by the river, at the gateway to the Gaspé region. Here, the days begin at the sound of the waves, warm up with human contact and end in the colours of a beautiful sunset. The charm and comfort of a wood house await.

From Québec City, Hwy. 20 East, Rte. 132 East to Ste-Flavie. 5 km past the church, driving along the sea towards the East. Or from Gaspé, Rte. 132 West. 60 km from Matane.

LA QUÉBÉCOISE
Cécile Wedge
705 de la mer, route 132
Ste-Flavie est G0J 2L0
(418)775-2898/(418)775-3209

$ 35, $$ 45-50
(1er : 3 ch) (2 sb)

J F M A M J J A S O N D

Je vous attend face au fleuve dans le charme et le confort d'une maison de bois blond, aux portes de la Gaspésie. Ici les journées commencent au son des vagues, se réchauffent au contact des gens et se terminent sous les couleurs d'un soleil couchant.

De Québec, aut. 20 est, rte 132 est jusqu'à Ste-Flavie. C'est à 5 km de l'église, en longeant la mer vers l'est. Ou de Gaspé, rte 132 ouest. À 60 km de Matane.

34 VAL-BRILLANT

F a ℜ17

In the heart of the valley of Matapédia, you will enjoy our warm hospitality. If you are looking for a clean, peaceful and secure place to spend your holidays, our house will suit you perfectly. Welcome.

From Québec City, Hwy. 20 East, Rte. 132 East to Ste-Flavie. Rte. 132 East, towards Vallée de la Matapédia. 9 km past Sayabec.

CHEZ ANTOINE
G. Marcoux et C. Roy
273 route 132
Val-Brillant G0J 3L0
(418) 742-3610

$ 25, $$ 40, ☻ 10
(1er : 3 ch) (2 sb)

J F M A M J J A S O N D

Au coeur de la vallée de la Matapédia, vous apprécierez notre chaleureuse hospitalité. Si vous recherchez un endroit propre, paisible et sécurisant, notre maison vous conviendra. Soyez les bienvenus.

De Québec, aut. 20 est, rte 132 est jusqu'à Ste-Flavie. Rte 132 est direction Vallée de la Matapédia. C'est à 9 km après Sayabec.

ILES DE LA MADELEINE

* Les numéros sur la carte correspondent à la numérotation des Gîtes de la région.
* *The numbers on the map correspond to the numbers of each establishment within the region.*

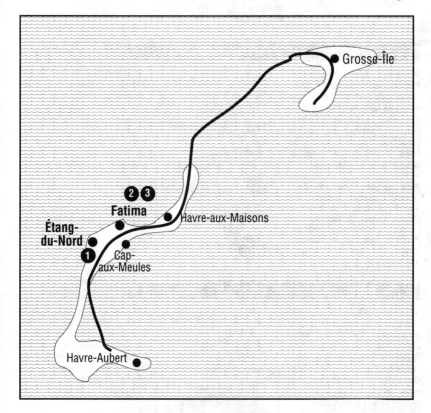

Grosse-Île

Havre-aux-Maisons

Fatima

Étang-du-Nord

Cap-aux-Meules

Havre-Aubert

In the gulf of the Saint Lawrence, these dozen islands connected by long sand dunes create a paradise for windsurfers and sea lovers of all kinds.

Dans le golfe du Saint-Laurent, une douzaine d'îles reliées par de longs lacets de sable: un paradis pour les amants de la mer et les amateurs de planche à voile.

1 ÉTANG-DU-NORD F A

Come taste the regional culture with extraordinary hosts! Discover your talents in Captain Albert's painting workshop. Taste the sea and its fresh meals. Comfortable rooms with sinks.

From Cap-aux-Meules, towards Étang-du-Nord to the "Souvenirs des Iles" boutique on the right. House adjacent to the boutique.

Blanche et Albert Gaudet
Route Principale
Étang-du-Nord G0B 1E0
(418) 986-3344

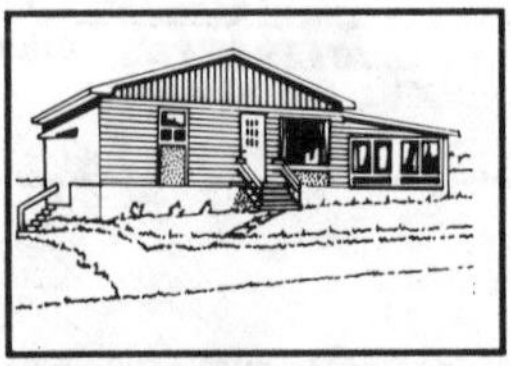

$ 30-35, $$ 40-50, ☻ 5-10
(ss : 3 ch) (2 sb)
J F M A M J J A S O N D

Goûtez à la culture madelinienne avec des hôtes hors pair! Découvrez vos talents dans l'atelier de peinture du capitaine Albert. Dégustez la mer et ses petits plats. Chambres confortables avec lavabo.

De Cap-aux-Meules, direction Étang-du-Nord jusqu'à la boutique «Souvenirs des Îles» sur la droite. Maison adjacente à la boutique.

2 FATIMA F a ℜ0.3

In the heart of Ile de Cap-aux-Meules, in a residential area, come take advantage of the welcome and hospitality or a Magdalen Islands family. You will be served a copious breakfast. We are located 1 km from the beach and various other activities. Welcome!

From the ferry, Rte. 199 East, Chemin Marconi towards the Chemin les Caps. At the center of Fatima, Chemin L'Eveil, 4th house on the left. Or from the airport, Rte. 199 West towards Cap-aux-Meules, take Chemin les Caps...

Marie-Marthe et
René H. Longuépée
37, Chemin L'Éveil, C.P. 234
Fatima, Îles de la Madeleine
G0B 1G0
(418)986-4482/(418)969-5260

$ 30, $$ 35, ☻ 3-5
(rc : 3 ch) (1 sb)
J F M A M J J A S O N D

Au coeur de l'Île de Cap-aux-Meules, dans un site résidentiel, venez profiter de l'accueil et l'hospitalité d'une famille madelinienne. Un copieux déjeuner vous sera servi. Nous sommes situés à 1 km de la plage et de diverses activités. Bienvenue à vous!

Du traversier, rte 199 est, chemin Marconi vers chemin les Caps. Au centre de Fatima, chemin L'Éveil, 4e maison à gauche. Ou de l'aéroport, rte 199 ouest vers Cap-aux-Meules, emprunter chemin les Caps...

3 FATIMA F a ℜ1.5

Take advantage of a real Magdalenian family's hospitality. Wooded area, calm, near amenities, in a residential neighborhood of the island Cap-aux-Meules. Generous breakfast, comfortable rooms, 1 km from the beach. Non-smokers only.

From the ferry, Rte. 199 East, Chemin Marconi to Chemin les Caps. At Fatima, near the church take Chemin de l'Hôpital. Turn left on Chemin Thorne.

Blandine et Thomas
56 Chemin E. Thorne
Fatima G0B lG0
(418)986-3006/(418)986-2121

$ 35, $$ 40, ☻ 5
(1er : 2 ch) (2 sb)
J F M A M J J A S O N D

Profitez de l'hospitalité d'une vraie famille madelinienne. Site boisé, tranquille, près des services dans un quartier résidentiel de l'île de Caps-aux-Meules. Petit déjeuner copieux, chambres confortables à 1 km de la plage. Gîte non-fumeur.

Du traversier, rte 199 est, ch. Marconi vers ch. les Caps. À Fatima près de l'église, prendre ch. de l'hôpital. Tourner à gauche au ch. Thorne.

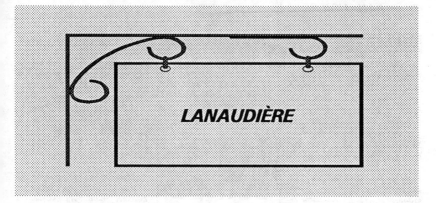

LANAUDIÈRE

* Les numéros sur la carte correspondent à la numérotation des Gîtes de la région.
* *The numbers on the map correspond to the numbers of each establishment within the region.*

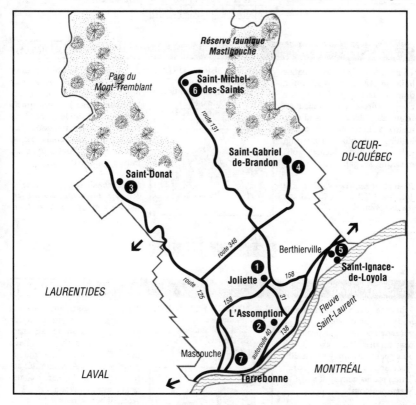

This region of outdoor activity near Montreal, vaste and varied, has something to satisfy all tastes. One of its most exciting events is the summer festival, sure to captivate any music lover, young or old.

Région de plein air aux abords de Montréal, Lanaudière, vaste et variée, a de quoi satisfaire tous les goûts. Sa grande fierté? Un festival d'été qui enchante les mélomanes.

1 JOLIETTE
F A 🚗 ℜ2 VS MC

45 min. from Montréal and Mirabel airport, we have a comfortable "Québécoise" home, built in a pine tree forest. Discover a quiet hideaway. In the summer, treat yourself to the music festival. In winter time, skating on the river (12 km). Yours truly.

From Montréal, Hwy. 40 East, Exit 122 on to Hwy. 31. Proceed North to Joliette, take St-Charles Street North, turn right on Barrette Blvd., then left on Rang Ste-Julie for 2.5 km.

MANOIR SOUS LES PINS
Sylvie et Roger
239 rang Ste Julie
Notre-Dame-des-Prairies
J6E 7Y8
(514)759-8741

$ 40, $$ 50-65, ☻ 15
(1er : 3 ch) (4 sb)
J F M A M J J A S O N D

À 45 min. de Montréal et Mirabel, notre vaste manoir est au coeur d'une pineraie. Découvrez un endroit calme, bordé par la rivière. L'été, le festival de musique; l'hiver, la patinoire sur la rivière. Canot, piscine, vélo. Chaleureusement vôtre.

De Montréal, aut. 40 est, sortie 122 Joliette. Prendre rue St-Charles Boromée nord. Au «Canadian Tire», à droite boul. Barrette. Faire 1.5 km, à gauche au rang Ste-Julie, faire 2.5 km.

2 L'ASSOMPTION
F A ℜ1.5

15 min. from Montréal, manor built in 1832, situated on a domain facing L'Assomption river. Direct communication from the door to Radisson metro station. In the place: bathing, tennis, canoeing, fishing, sauna. Near: golf, museum, art gallery...

From Montréal, Hwy 40 East, Exit 108. Rte 341 North, drive 2.1 km. Rte 344 West, drive 0.5 km.

MANOIR SEIGNEURIAL
Mario Milord
1001 Bas de L'Assomption N.
Route 344
L'Assomption J0K 1G0
(514)589-7890/(514)592-1914

$ 35, $$ 55, ☻ 5 -10
(ss:1ch,rc:1ch,1er:3ch) (3sb)
J F M A M J J A S O N D

À 15 min. de Montréal, manoir datant de 1832, situé sur domaine longeant la rivière L'Assomption. Liaison directe par autobus de la porte à la station de métro Radisson. Sur place: baignade, tennis, canot, pêche, sauna. Tout près: golf, musée, galerie d'art...

De Montréal, aut. 40 est, sortie 108. Rte 341 nord, faire 2.1 km. Rte 344 ouest, faire 0.5 km.

3 ST-DONAT
F a 🚗 ℜ0.1

I have a simple, comfortable house, surrounded by a veranda and spacious property, near a pure water lake. It will be a real tonic for your health. Near activities all year round. Three rooms with sink and TV. Warm welcome.

From Montréal, Hwy. 15 North, Exit 89. Rte. 329 to St-Donat. Or Hwy. 25 and 125 North to St-Donat.

LA MAISON ROBIDOUX
Annie Robidoux
284 rue Bellevue
St-Donat J0T 2C0
(819) 424-2379

$ 35, $$ 55, ☻ 10-15
(1er : 3 ch) (2 sb)
J F M A M J J A S O N D

J'ai pour vous une maison confortable, entourée d'une véranda et d'un terrain spacieux, tout près d'un lac à l'eau pure. Ce sera un vrai tonique pour ta santé. À proximité: activités d'été et d'hiver. 3 chambres avec lavabo et TV. Accueil chaleureux.

De Montréal, aut. 15 nord, sortie 89. Rte. 329 jusqu'à St-Donat. Ou aut. 25 et 125 nord jusqu'a St-Donat.

4 ST-GABRIEL-DE-BRANDON

F A

A new friendship experience, our home is warm and a good place to rest. Our welcome is hearty and simple. At Lake Masquinongé, only 3 km away, facilities include golfing, a beach, sailing, and pedalboats. Cross country skiing 10 minutes away. Non-smokers only.

From Montréal, Hwy. 40 East, Exit 144. Rte. 347 North to St-Gabriel. From the church, drive 1.5 km, turn left at the 6e Rang. Drive 0.5 km, turn right towards Lac Lamarre, for 2.5 km. Turn right on Rue Pigeon towards Chemin Arthur.

LE RELAIS DE L'AMITIÉ
M. et F. Jaquemot
71 chemin Arthur
St-Gabriel-de-Brandon
J0K 2N0
(514) 835-1003

$ 35, $$ 40-45, ☻ 10
(1er : 3 ch) (2 sb)
J F M A M J J A S O N D

Une nouvelle expérience d'amitié dans la chaleur et la simplicité de notre maison située au Lac Lamarre. Grande chambre, lieu calme et reposant dans la nature. Lac Masquinongé à 3 km: plage, pédalo, voile. Ski de fond à 10 min. Gîte non-fumeur.

De Montréal, aut. 40 est, sortie 144. Rte 347 nord jusqu'à St-Gabriel. De l'église, faire 1.5 km. À gauche au 6e rang, faire 0.5 km. Tourner à droite vers lac Lamarre, faire 2.5 km. À droite rue Pigeon vers chemin Arthur.

5 ST-IGNACE-DE-LOYOLA

F A

Overlooking Sorel and its islands. Farm activities have been planned for the enjoyment of children and adults. Lots of space, tractor rides, horses, ponies, calves, goats, sheep, hens, ducks to feed. Excellent site for cycling.

Hwy. 40, Exit 144. Rte. 158 East, follow signs for ferry, 7.8 km. At the ferry, turn left on Rang St-Michel, drive 3.8 km; it becomes Rang Ste-Marie. Drive 1.2 km.

FERME LA FOURMILIÈRE
R. Grou et S. Manseau
1474 rang Ste-Marie
St-Ignace-de-Loyola J0K 2P0
(514) 836-1469

$ 30, $$ 45, ☻ 10
(1er : 2 ch) (2 sb)
J F M A M J J A S O N D

Face à Sorel et ses îles. Ferme et activités conçues pour nos enfants et les vôtres. Grands espaces, promenades en tracteur, chevaux, poneys, veaux, chèvres, moutons, volailles à soigner. Excellent site pour le vélo.

Aut. 40, sortie 144. Rte 158 est, suivre indications pour traversier, faire 7.8 km. Au traversier, tourner à gauche sur rang St-Michel, faire 3.8 km; devient rang Ste-Marie, faire 1.2 km.

6 ST-MICHEL-DES-SAINTS

F a ℜ7

Close to the nature reserves, parks and cross-Québec snowmobile paths, former farm on 290 acres. On our hiking paths, you will discover the creek, the plantation and the woods. Perfect place for bird and wild animal watchers. Two rooms with sinks.

From Montréal, Hwy. 40 North then Hwy. 31 to Joliette. From there, Rte. 131 towards St-Michel. Located 7 km from the village towards St-Guillaume. Bus service from the village, Joliette and Montréal.

LA VIEILLE FERME
Denyse et Yves
1310 Chemin Cypres
St-Michel-des-Saints J0K 3B0
(514)833-5596/(514)438-3742

$ 25-30, $$ 40-45, ☻ 10-12
(1er : 3 ch) (1 sb)
J F M A M J J A S O N D

À proximité des réserves, parc et pistes de motoneiges trans-Québec, ancienne ferme sise sur 290 acres. Des sentiers vous feront découvrir la «crique», la plantation et le boisé. Site idéal pour les observateurs d'oiseaux et d'animaux sauvages. 2 ch. avec lavabo.

De Montréal, aut. 40 nord puis aut. 31 jusqu'à Joliette. De là, rte 131 vers St-Michel. Situé à 7 km du village direction St-Guillaume. Service d'autobus entre le village, Joliette et Montréal.

7 TERREBONNE

F A 🐕 ℜ0.1

Warm and beautiful old house decorated with style located in the hearth of the second most important historical site in Québec. 12 min. away from Montréal and 30 min. away from all of Lanaudière festival activities. Many activities on the site.

Ottawa, Rte 148 to St-Hermas, Hwy. 15 East Exit 640 East Repentigny, Exit Terrebonne direction hist. site. Or from Montréal, PieIX bridge and Hwy. 25 North, Terrebonne Exit, des Seigneurs Blvd. towards historical site.

LA CLOSERIE DES LILAS
Henrietta Picard
839 St-François-Xavier
Terrebonne J6W 1H1
(514) 964-2279

$ 36, $$ 52-55, ☻ 12
(1er : 3 ch) (2 sb)
J F M A M J J A S O N D

Jolie demeure ancienne à l'ambiance chaleureuse au décor enchanteur en plein coeur du deuxième site historique en importance au Québec. Nombreuses activités culturelles. À 12 minutes en voiture de Montréal. À proximité des activités du Festival de Lanaudière.

D'Ottawa, rte 148, jusqu'à St-Hermas. Aut. 15 est sortie aut. 640 est puis Repentigny jusqu'à sortie Terrebonne, vers site historique. Ou de Montréal, pont PieIX aut. 25 sortie Terrebonne, Boul. des Seigneurs, vers site historique.

Très accueillant... beaucoup de chaleur et de simplicité.

Piedmont

AGRICOTOURS

Nous apprécions tout particulièrement le caractère familial du séjour en gîte du passant et espérons que cet aspect sera préservé. À notre avis, il faut que ces maisons restent "nature", c'est-à-dire qu'elles ne soient pas aménagées dans le type hôtellerie.

Marin et Secrétaire, France

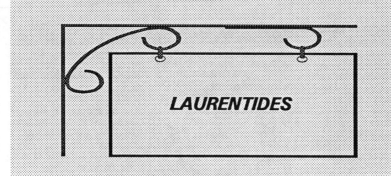

LAURENTIDES

* Les numéros sur la carte correspondent à la numérotation des Gîtes de la région.
* *The numbers on the map correspond to the numbers of each establishment within the region.*

Just North West of Montréal, with many vestiges of the seigneurial age, ski resorts and breathtaking open spaces promise excitement and relaxation for the whole family.

Juste au nord-ouest de Montréal, plusieurs vestiges d'époque seigneuriale, de nombreux centres de ski ainsi que les grands espaces promettent délassement et exaltation à toute la famille.

1 BOISBRIAND
F a 🚗 ℜ0.4

Boisbriand, northern outskirts of Montréal, between Dorval and Mirabel. Our house is a place to discover. Large quiet property, ancestral home, fireplaces, country setting, delicious breakfast and interesting talk.

From Montréal, Hwy. 15 or 13 North, Boisbriand Exit that takes you to Grande-Côte. After approximately 2 km, between the 2 highways.

L'ANSE DU PATRIMOINE
Hélène Filion et Émile Bédard
488 Grande-Côte
Boisbriand J7E 4H4
(514) 437-6918

$ 30, $$ 50, ☻ 10
(1er : 3 ch) (3 sb)
J F M A M J J A S O N D

Boisbriand, banlieue nord de Montréal, entre Dorval et Mirabel. Vaste domaine retiré. Maison ancestrale, foyers, piscine, cadre champêtre, déjeuner gourmand et échanges sur des points d'intérêt. Notre maison, un gîte à découvrir.

De Montréal, aut. 15 ou 13 nord, sortie Boisbriand qui vous mène à la Grande-Côte. À environ 2 km, entre les 2 autoroutes.

2 LABELLE
F A 🚗 ℜ4

Up on a hill, in a beautiful garden, our mansion looks down on the magnificient Lac Labelle. It is a "rendez-vous" to share the rhythm of time.

From Montréal, Hwy. 15 North, then 117 North to Labelle. Turn left 2 km after the village at the flashing light. Follow signs for Domaine du Beau Séjour.

LA CLOCHE DE VERT
Thérèse et Normand Brunette
1080 ch. Saindon
Lac Labelle
Labelle J0T 1H0
(819)686-5850/(514)899-1624

$ 35, $$ 50, ☻ 10
(rc : 2 ch) (1 sb)
J F M A M J J A S O N D

Accrochée au flanc de la montagne, dans un jardin magnifique, notre maison joliment décorée jette un regard sur le Lac Labelle et attend les voyageurs. C'est un rendez-vous pour savourer le temps qui passe au rythme des quatre saisons.

De Montréal, aut. 15 nord et rte 117 jusqu'à Labelle. À 2 km du village aux feux clignotants, tourner à gauche direction Lac Labelle et suivre les indications du domaine Beau Séjour.

3 LAC-CARRÉ
F A 🚗 ℜ0.1 VS MC

"La Licorne", facing a lake. The ideal place for you to participate in the joys of sports. In summer, canoe, pedalboat, windsurfing: free for guests. In winter, skiing, skating, snowshoeing , this and more, all in the best environment in the heart of the Laurentians.

From Montréal, Hwy. 15 North to Ste-Agathe, continue on Rte. 117 North for 18 km, Exit Lac-Carré. Drive 1 km from St-Faustin, turn right. Close to Mt-Tremblant (20 km) St-Jovite (10 km).

LA LICORNE
Patricia et Robin
390 rue Principale
Lac-Carré J0T 1J0
(819) 688-3030

$ 30, $$ 45, ☻ 8
(1er : 3 ch) (2 sb)
J F M A M J J A S O N D

«La Licorne», oasis de paix et tranquillité, face à un lac limpide, dans un décor enchanteur. On vous attend pour goûter aux joies du sport. L'été: canot, pédalo, planche à voile sur place, l'hiver: ski, patin, raquette. Atmosphère calme et chaleureuse.

De Montréal, aut. 15 nord et rte 117 nord. Après Ste-Agathe, faire 18 km, sortie Lac-Carré. Faire 1 km de St-Faustin. 20 km de Mt-Tremblant et 10 km de St-Jovite.

4 LAC-CARRÉ

F A ♿ 🚐 ♟ ℛ0.1 VS MC

Near St-Jovite, entrance to Mont-Tremblant. Luxurious house with whirlpool, living room, gardens, heated pool, fireplace. Facing the beach. Breakfast and beverage served upon arrival. Reduced prices for bookings of more than one week.

From Montréal, Hwy. 15 North, Rte. 117 North. 18 km after Ste-Agathe, Exit Lac-Carré. Drive 1 km. Corner of Desjardins and Principale. Turn right opposite Lac-Carré in Rte. Mont-Tremblant.

LA ROCAILLE
Louisette et Gérard Piché
328 Desjardins
Lac-Carré J0T 1J0
(819) 688-2852

$ 30-35, $$ 40-45, ☻ 10-15
(1er : 3 ch) (3 sb)

J F M A M J J A S O N D

À proximité de St-Jovite, porte d'entrée du Parc du Mont-Tremblant. Maison luxueuse avec bain tourbillon, salle de séjour, jardins, piscine chauffée, foyer. Face à la plage. Breuvage servi à l'arrivée. Prix réduit pour plus de 7 jours.

De Montréal, aut. 15 nord, rte 117 nord. 18 km après Ste-Agathe, sortie Lac-Carré. Faire 1 km. Coin Desjardins et Principale. À droite en face du Lac-Carré sur rte Mont-Tremblant.

5 LAC NOMININGUE

F A 🐾 🚐 ℛ0.5

The former residence of the Ste-Croix order of nuns, this typical spacious house offers peace and harmony in a beautiful forest setting. It is a great pleasure to have you as our guests. Rooms with sinks.

From Montréal, Hwy. 15 North and Rte. 117 North to l'Annonciation. At the end of the village, left at the flashing light towards Nominingue. Go through the village, last street St-Ignace left ot the roundabout.

LE PROVINCIALAT
P. Seers et G. Petit
2292 Sacré-Coeur
Lac Nominingue J0W 1R0
(819) 278-4928

$ 40, $$ 60
(1er : 3 ch) (2 sb)

J F M A M J J A S O N D

Ancien provincialat des soeurs de Ste-Croix, cette très grande maison typique offre paix et harmonie dans un cadre superbe à l'orée du bois. Nous vous y accueillerons avec grand plaisir. Chambres avec lavabo.

De Montréal, aut. 15 nord et rte 117 nord jusqu'à l'Annonciation. À la sortie du village, à gauche aux feux clignotants vers Nominingue. Traverser le village, dernière rue St-Ignace à gauche au rond point.

6 LA CONCEPTION-LAC XAVIER

F A 🚐 ℛ6

Enchanting location by the water. In the heart of nature where the mountains, the crystal clear water and the magnificent view are part of the surroundings. Cruises, swimming, water sports, golf, fishing, horseback riding. Ideal for spending several days.

From Montréal, Hwy. 15 North and Rte. 117 North to La Conception. After the bridge and the flashing light, left on rue Des Érables. At the sign for Lac-Xavier, continue to chemin des Pins Blancs. Turn left.

Madeleine et Rolland Gosselin
2388 chemin des Pins Blancs
La Conception J0T 1M0
(819) 686-2807

$ 35-50, $$ 45-60, ☻ 10-15
(ss : 1 ch, rc : 1 ch) (2 sb)

J F M A M J J A S O N D

Site enchanteur au bord de l'eau. Au coeur de la nature où les montagnes, l'eau cristalline et la vue magnifique font partie du décor. Croisières, baignade, activités nautiques, golf, pêche, équitation. L'idéal est d'y passer quelques jours.

De Montréal, aut. 15 nord et rte 117 nord jusqu'à La Conception. Après le pont et la lumière clignotante, à gauche rue Des Érables. À l'indication Lac-Xavier continuer jusqu'au chemin des Pins Blancs. Tourner à gauche.

7 LAC SUPÉRIEUR

F A ℜ10

At the foot of Mont-Tremblant, in this area of lakes and rivers, on 35 acres of property with the Boulée River running through, we built our house. Come share this gentle way of life for a while…

From Montréal, Hwy. 15 North, Rte. 117 North, Exit Lac-Carré. At the stop, turn right. Follow the sign to Parc Mont-Tremblant for 5.7 km. Left Chemin Lac-à-L'Équerre/Lac-Gauthier for 3.6 km.

CHEZ NOR-LOU
L. Lachance et N. Sauvé
803 Chemin du Lac-à-
L'Équerre, R.R.#1
Lac Carré J0T 1J0
(819) 688-3128

$ 35-38 $$ 45-50, ☻ 15
(1er: 2ch, Grenier: 1ch) (2sb)
J F M A M J J A S O N D

Au pied du Mont-Tremblant, dans ce pays de lacs et de rivières, sur un domaine boisé de 35 acres traversé par la rivière Boulée, nous avons bâti maison. Venez partager cette douceur de vivre en passant…

De Montréal, aut. 15 nord, rte 117 nord, sortie Lac-Carré. À l'arrêt, à droite. Suivre indications Parc Mont-Tremblant pour 5.7 km. À gauche, Chemin Lac-à-L'Équerre/Lac-Gauthier pour 3.6 km.

8 L'ANNONCIATION

F A 🚗 ℜ6

Country house located in the woods, bordered by the Rivière Rouge. Walking and cross country ski trails at your doorstep. Canoes and bicycles available. Two bathrooms, one private. 10% reduction for stays of longer than 2 nights. Our house is a place to discover.

From Montréal, Hwy. 15 North and Rte. 117 North to L'Annonciation. At the traffic lights keep straight 7.5 km. Turn right on Rte. 321 North, and drive 5 km.

LE GEAI BLEU
S. Clermont et C. Leclerc
250 Chemin de l'Asension
Route 321 nord
L'Annonciation J0T 1T0
(819) 275-2319

$ 40, $$ 50, ☻ 10-15
(rc : 1 ch, 1er : 2 ch) (2 sb)
J F M A M J J A S O N D

Maison de campagne située sur un boisé de 50 acres bordée par la rivière Rouge. Pistes de ski de fond dans la cour. Bicyclettes et canot disponibles. Marche en forêt. Deux salles de bain dont une privée. Réd. de 10% pour plus de 2 nuits.

De Montréal, aut. 15 nord et rte 117 nord jusqu'à L'Annonciation. Aux feux de circulation, continuer tout droit et faire 7.5 km. Tourner à droite sur la rte 321 nord, faire 5 km.

9 MONT TREMBLANT

F A 🐕 🚗 ℜ3 VS MC

Less than 1 km from the ski hill of Mont-Tremblant. Cross country skiing and mountain bike trails at your doorstep. Log house, spacious rooms, living room with fireplace. Beach access. Tennis, golf, horseback riding nearby. Discount on ski tickets. Welcome.

From Montréal, Hwy. 15 North, Rte 117 North. Pass St-Jovite, take a right on Montée Ryan until the end. Turn left, along the lake, the 1st street (Pinoteau Street) on the left.

AUBERGE LE LUPIN
Sylvie Senécal et
Pierre Lachance
127 Pinoteau
Mont Tremblant J0T 1Z0
(819) 425-5474

$ 40-71, $$ 60-95, ☻ 10-15
(rc : 1 ch, 1er : 2 ch) (3 sb)
J F M A M J J A S O N D

À moins de 1 km des pistes de ski du Mont Tremblant. Au coeur des sentiers de ski de fond et de vélo de montagne. Maison de bois rond, grandes chambres, salon avec foyer. Accès à la plage, tennis, golf, équitation à proximité. Rabais sur billet de ski. Bienvenue.

De Montréal, aut. 15 nord, rte 117 nord. Passé St-Jovite, prendre Montée Ryan à droite jusqu'au bout. Tourner à gauche, longer le lac, 1ère rue (rue Pinoteau) à gauche. Affiche Lupin.

10 ST-ADOLPHE-D'HOWARD
F a 🐾 🚗 ℛ0.1

We will give you a warm welcome in our large Swiss-style chalet, located on the magnificent Lac St-Joseph in the heart of a little mountain village. A water sports and winter sports paradise. Private beach, patio. At the base of the Mont Avalanche Ski Center.

From Montréal, Hwy. 15 North, Exit 60. West on Rte. 364 towards Morin-Heights. Rte. 329 North to St-Adolphe. Or from Hull, Rte. 148 to Lachute and 329 North towards St-Adolphe.

AU GÎTE D'ARGENTEUIL
Josée et Jean-Pierre Durocher
2022 ch. du Village, rte 329
St-Adolphe-D'Howard
J0T 2B0
(819) 327-3021

$ 30-35, $$ 45-55, ☺ 10-15
(1er : 3 ch) (3 sb)

J F M A M J J A S O N D

On vous accueille chaleureuse-ment dans notre grand chalet suisse, situé au bord du majestueux Lac St-Joseph, au coeur d'un petit village en montagne. Paradis des activités nautiques et des sports d'hiver. Plage privée. Au pied du Mont Avalanche.

De Montréal, aut. 15 nord, sortie 60. Vers l'ouest sur rte 364 vers Morin-Heights. Rte 329 nord jusqu'à St-Adolphe. Ou de Hull, rtes 148 jusqu'à Lachute et 329 nord vers St-Adolphe.

11 ST-CANUT, MIRABEL
F A 🐾 🚗 ℛ5

Ten minutes from Mirabel Airport. Near sports activities. Luxurious house where calm and rest are part of life, where the waterfalls in the river charm the mountain. A generous breakfast, served in the dining room with a magnificent view.

From Montréal or Mirabel, Hwy. 15 North, Exit 39. Rte. 158 West, drive 7 km. Exit St-Canut, rue McKenzie. Cross the iron bridge, right on Chemin Rivière du Nord. Drive 4 km.

AU CHANT DES CASCADES
Verna Ryan et Albert Lacasse
11505 chemin Rivière du nord
St-Canut J0R 1M0
(514) 436-4070

$ 45, $$ 50-60, ☺ 15
(ss : 1 ch, 1er : 1 ch) (2 sb)

J F M A M J J A S O N D

À 10 minutes de l'aéroport de Mirabel. À proximité des activités sportives. Luxueuse maison où règne calme et détente, où la rivière en cascades vient charmer la montagne. Un copieux petit déjeuner, servi dans la salle à diner avec vue panoramique.

De Montréal ou Mirabel, aut. 15 nord, sortie 39. Rte 158 ouest, faire 7 km. Sortie St-Canut, Rue McKenzie. Franchir le pont de fer, à droite sur le chemin Rivière du nord. Faire 4 km.

12 ST-FAUSTIN
F A 🚗 ℛ1 VS MC

Century old house (facing Mont Blanc) where we have kept our old-fashioned warmth and intimacy. In the dining room, next to the wood-burning stove, we will serve you breakfast. See page 147 for activities. Discounts on downhill skiing tickets.

From Montréal, Hwy. 15 North, Rte. 117 North, Exit St-Faustin. At the second stop, left on Rue Principale.

LA BOHÉMIENNE
Chantal et Jean-Pierre Harbour
1119 Principale, route 117
St-Faustin J0T 2G0
(819) 688-2460

$ 35, $$ 48, ☺ 10-15
(1er : 4 ch) (2 sb)

J F M A M J J A S O N D

Maison centenaire (face au Mont-Blanc) où nous avons su conserver la chaleur d'antan et respecter votre intimité. Dans la salle à manger, près du poêle à bois, nous servirons votre déjeuner. Voir p 147 pour activités. Réduction sur billets de ski alpin.

De Montréal, aut. 15 nord, rte 117 nord, sortie St-Faustin. Au 2e arrêt, à gauche sur rue Principale.

13 ST-JÉRÔME `F A 🚐 ℜ0.3`

Québec hospitality within 10 minutes of Mirabel, 30 of Montréal, and 15 of the Laurentians. Pretty house under the trees, comfortable rooms, generous breakfast, tea served to welcome you. Experience visitors from abroad shouldn't miss.

From Montréal or Mirabel airport, Hwy. 15 North, Exit 43 to the city centre. Just before the cathedral, turn on rue du Palais. Drive to rue Melançon. 430 is on the left, not far.

L'ÉTAPE
Marie-Thérèse et
Gérard Lemay
430 Melançon
St-Jérôme J7Z 4K4
(514) 438-1043

$ 30, $$ 45, ☻ 10-12
(rc : 1 ch, 1er : 2 ch) (2 sb)

`J F M A M J J A S O N D`

Hospitalité à la Québécoise à 10 minutes de Mirabel, 30 de Montréal et 15 des Laurentides. Jolie maison sous les arbres, chambres confortables, copieux petit déjeuner, thé servi à l'arrivée. Étape à ne pas manquer pour qui arrive de l'étranger.

De Montréal ou Mirabel, aut. 15 nord, sortie 43 vers centre-ville. Prendre rue du Palais, à gauche de la cathédrale, jusqu'à rue Melançon. Maison située au 2e coin de rue à gauche.

14 ST-JOVITE `F A ⊘ ♀ ℜ10 ⬛`

We have built a very cosy log house with a big fireplace. Let us share the joyful life of the farm with you (sugaring off, sleigh riding, harvesting). The ski centers are close by and there is great tobogganing. Rooms are annexed to the barn. Non-smokers only.

From Montréal, Hwy. 15 North to St-Jovite, then Rte. 327 South towards Arundel for 2 km. Turn left on Chemin Paquette for 6 km. Or from Hull to Montebello follow the 323 North.

**FERME DE LA BUTTE
MAGIQUE**
Diane et Maud
1724 chemin Paquette
St-Jovite J0T 2H0
(819) 425-5688

$ 35, $$ 50, ☻ 20
(1er : 3 ch) (2 sb)

`J F M A M J J A S O N D`

Les joyeuses activités journalières de notre ferme pleine de «couleurs» se joignent à vos désirs de bien manger, vos besoins de bouger ou de vous reposer. Demander l'information sur nos séjours pour enfants de 9 à 11 ans. Venez rencontrer Juju, flûte... Gîte non-fumeur.

De Montréal, aut. 15 nord jusqu'à St-Jovite, rte 327 sud vers Arundel pour 2 km. À gauche au chemin Paquette, faire 6 km. Ou de Hull, à Montebello suivre la 323 nord.

15 ST-SAUVEUR, VALLÉE `F A 🚐 ℜ1`

Sports fans or anyone seeking romance, "La Ressource" in the St-Sauveur valley will make your dreams come true. Comfortable rooms, fireplace, clean air, charming site, outdoor café, restaurants and boutiques, skiing, golf, horseback riding, theatre...

From Montréal, Hwy. 15 North, Exit 45, Rte. 117 North. Drive 10.2 km (second light). Rue de la Station, right for 1.5 km. Rue Vigneault, turn left, fourth house on the left.

LA RESSOURCE
Nicole Martel et
Bertrand Bélanger
1527 Vigneault
Prévost J0R 1T0
(514) 224-7416

$ 30, $$ 50, ☻ 5-10
(ss : 1 ch, 1er : 2 ch) (2 sb)

`J F M A M J J A S O N D`

Adeptes de sports ou en quête de romance, «la Ressource» dans la vallée de St-Sauveur comble vos désirs. Chambres confortables, foyer, air pur, site enchanteur, café-terrasse, restaurants et boutiques, ski, golf, équitation, théâtres, glissades d'eau...

De Montréal, aut. 15 nord, sortie 45, rte 117 nord. Faire 10.2 km (2e lumière). Rue de la station, à droite sur 1.5 km. Rue Vigneault, à gauche. 4e maison à gauche.

16 VAL-DAVID

F A ℜ0.5

Lise and Camil welcome you. In summer, bird watch during breakfast. Then walk through the woods or climb mountains. In winter, enjoy relaxing music by the fireplace after skating, and downhill or cross-country skiing. Reading den. Cultural village.

From Montréal, Hwy. 15 North, Exit 76, Rte. 117 North. Past the sign, "Bienvenue Val-David", first traffic light, turn right on Rue de L'Église. Turn right on Rue de la Sapinière, two blocks away.

LA CHAUMIÈRE AUX MARGUERITES
Lise et Camil Bourque
1267 chemin de la Sapinière
Val-David J0T 2N0
(819)322-6379/(514)253-9521

$ 30, $$ 50, ☻ 15
(1er : 3 ch) (2 sb)

J F M A M J J A S O N D

Lise et Camil vous invitent. L'été, déjeuner sur la véranda au chant des oiseaux avant promenade dans les bois ou escalade des parois. L'hiver, bon feu de foyer après patin, ski alpin ou randonnée. Musique douce. Coin-lecture. Village culturel.

De Montréal, aut. 15 nord, sortie 76, rte 117 nord. Passé «Bienvenue Val-David» 1ère lumière, à droite sur rue de L'Église, à droite rue de la Sapinière. 2e coin de rue.

17 VAL-DAVID

F A ⊘ 🚌 ℜ0

An enchanting little village where you will rediscover that quiet peace that comes from within. Welcoming hostess, rooms with comfortable chairs, one with T.V., semi-private bathroom and independant entry. Healthy breakfast or ... to your liking. On site, skiing...Non-smokers only.

From Montréal, Hwy. 15 North, Exit 76. Rte. 117 North to the Val-David traffic lights, rue de l'Église, turn right, it's the second street on the right.

GÎTE DU VILLAGEOIS
Lise Boutin
1311 rue le Villageois
Val-David J0T 2N0
(819) 322-5785

$ 25-30, $$ 45, ☻ 10-15
(ss : 1 ch, rc : 1 ch) (2 sb)

J F M A M J J A S O N D

Endroit calme et propice à la détente. Une hôtesse accueillante vous offre une grande chambre ensoleillée avec fauteuils, T.V. et foyer. Salle d'eau semi-privée. Déjeuner santé ou autre «votre choix». Autonomie de loisirs sur place, gastronomie, arts. Gîte non-fumeur.

De Montréal, aut. 15 nord, sortie 76. Rte. 117 nord jusqu'aux feux de circulation de Val-David, rue de l'Église, tourner à droite, c'est la 2e rue à droite.

18 VAL-MORIN

F a 🐕 🚌 ℜ1 VS MC

Warm hospitality in the calm. Delicious and generous breakfast. Park with stream. Near Lac Raymond, the beach, a golf course, horseback riding. Put on your cross-country skis at the door, sleigh rides...

From Montréal, Hwy. 15 North, Exit 72. Follow signs for "Centre équestre Val-Morin" or Exit 76 Rte. 117 North. Turn on Curé Corbeil, right on 7e Rue, go to the end.

LES FLORETTES
Simone Fabre
1803 chemin de la Gare
Val-Morin J0T 2R0
(819) 322-7614

$ 40, $$ 50, ☻ 15
(1er : 4 ch) (3 sb)

J F M A M J J A S O N D

Chaleureuse hospitalité dans le calme. Déjeuner savoureux et copieux. Parc avec ruisseau. Près du Lac Raymond, plage, golf, équitation. Chaussez vos skis de fond à la porte, promenade en traîneau...

De Montréal, aut. 15 nord, sortie 72. Suivre indication «Centre équestre Val-Morin» ou sortie 76 rte 117 nord. Tourner sur Curé Corbeil, à droite sur Morin. À gauche sur 7e rue, aller jusqu'au bout.

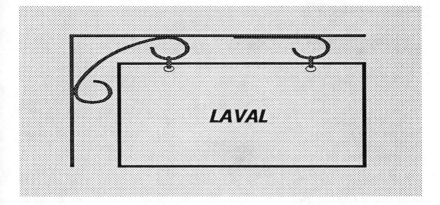

Les numéros sur la carte correspondent à la numérotation des Gîtes de la région.
The numbers on the map correspond to the numbers of each establishment within the region.

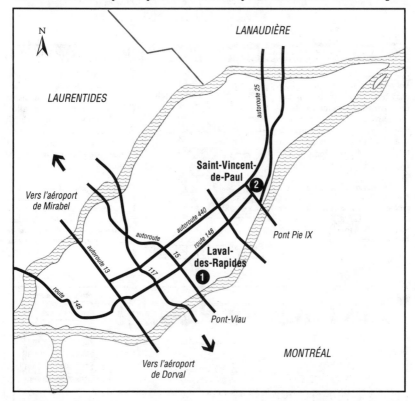

Link between Montréal and the Laurentian countryside, Laval offers fine cuisine and many sports activities. "Vieux-St-Rose" is an interesting historical neighborhood.

Trait d'union entre Montréal et la campagne laurentienne, Laval offre fine cuisine et activités sportives. Le «Vieux-St-Rose» est un quartier au patrimoine particulièrement intéressant.

1 LAVAL-DES-RAPIDES   F a ⊘ 🛏 🐕 🚗 ℜ1

Wonderful site 3 km from Montréal but surrounded by trees. Patio full of flowers, pool. Warm welcome, generous breakfast made to your liking. Children welcome. Animals allowed. Reduction for longer stays. Half price for longer than seven days.

From Montréal, Hwy. 15 North, Exit 7. About 5 minutes to the East on the Blvd. des Prairies. From Mirabel, Hwy. 15 South. Exit 7. About 5 minutes to the East on the Blvd. des Prairies.

L'ABRI DU TEMPS
Marguerite et Raoul St-Jean
2 boul. Bon Pasteur
Laval-des-Rapides H7N 3P9
(514) 663-5094

$ 35, $$ 50, ☻ 2-10
(rc : 1 ch, 1er : 2 ch) (2 sb)
J F M A M J J A S O N D

Site privilégié à 3 km de Montréal. Maison entourée d'arbres. Terrasse fleurie, piscine creusée. Accueil chaleureux, déjeuner copieux au goût. Enfants bienvenus. Animaux acceptés. Moitié prix après 7 jours.

De Montréal, aut. 15 nord, sortie 7. Environ 5 minutes vers l'est sur le boul. des Prairies. De mirabel, aut. 15 sud, sortie 7. Environ 5 minutes vers l'est sur le boul. des Prairies.

2 LAVAL, ST-VINCENT-DE-PAUL   F A ℜ1

Air conditioned bungalow in very quiet surroundings with easy access to Montréal by car or metro (30 minutes from downtown). 3 guestrooms, warm, good breakfast. French and English spoken. Near Olympic Swimming Pool. Good restaurants near home.

Located north of Montréal. Take Pie IX Blvd. and over Pie IX bridge, then across Blvd. Concorde to Vanier and Dyonet, left on Suzanne St. to St-Joseph and Jérôme Park.

LA MAISON SOUS LES ARBRES
Carmelle et Bernard Campbell
7 rue Jérôme
Laval H7C 2G7
(514) 661-3215

$ 35, $$ 45-50, ☻ 10
(rc : 3 ch) (2 sb)
J F M A M J J A S O N D

Tous Près de Montréal, maison climatisée, secteur paisible. Accès facile en auto ou métro (30 minutes du centre-ville). Grand terrain boisé, accueil chaleureux, bon déjeuner. Restaurants à proximité et Centre de la nature à 10 minutes de marche.

De Mirabel, aut. 15 sud, sortie 8 boul. St-Martin est, jusqu'au bout à l'indication «fin 148». Continuer et prendre la courbe jusqu'à Place Chénier à gauche. Prendre la 2e rue, Seigneur-Lussier, jusqu'au parc Jérôme.

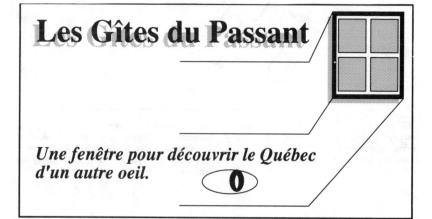

Les Gîtes du Passant

Une fenêtre pour découvrir le Québec d'un autre oeil.

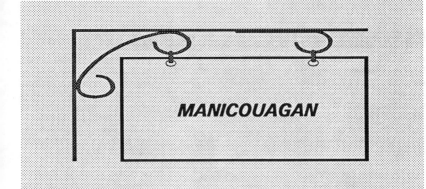

MANICOUAGAN

* Les numéros sur la carte correspondent à la numérotation des Gîtes de la région.
* *The numbers on the map correspond to the numbers of each establishment within the region.*

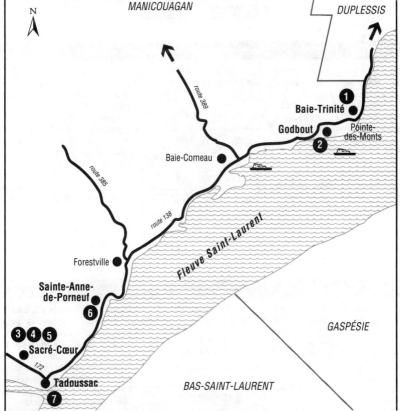

Synonymous with hydro-electricity and immensity, land of the great whales, Manicouagan attracts outdoor sport enthusiasts of all kinds. A visit to the Manic 5 dam is a must!

Synonyme d'électricité et de gigantisme, pays des grandes baleines, Manicouagan électrise littéralement les amateurs de plein air. La visite du barrage Manic 5: absolument saisissant!

1 BAIE-TRINITÉ   F a ℜO

In the former house of the lighthouse keeper: rooms on the second floor, a fine seafood restaurant. An intimate experience with the sea and the history of the Côte-Nord. Old Lighthouse Museum. Whaling boat expeditions, whales and sea lions.

From Québec City, Rte. 138 East. 4 km west of Baie-Trinité, a secondary road which ends in the parking lot of the Vieux Phare. The bridge must be crossed on foot.

LE GITE DU PHARE DE POINTE-DES-MONTS
Jean-Louis Frenette
Rte du Vieux Phare
Baie-Trinité G0H 1A0
(418)939-2332/(418)589-8408

$ 32, $$ 40, ☺ 8
(1er : 4 ch) (2 sb)

J F M A M J J A S O N D

Dans l'antique maison du gardien: chambres à l'étage, restaurant de fine cuisine dédiée à la mer. Rendez-vous intime avec la mer et l'histoire de la Côte-Nord. Musée du Vieux Phare. Excursion en baleinière, pêche, observation baleines et loup-marins.

De Québec, rte 138 est. À 4 km à l'ouest de Baie-Trinité, une route secondaire qui prend fin directement sur le stationnement du Vieux Phare. On doit traverser le pont à pied.

2 GODBOUT   F a ℜO.1

Sleep in a pretty bungalow by the sea, near the ferry. Breakfast served in our restaurant "Aux Berges". Calm and beautiful landscape, beaches, fishing, tourist sites, sea excursions. Waterfalls and salmon-jumping sightings.

From Québec City, Rte. 138 East to Godbout. Located near the ferry.

AUX BERGES
L. Cordeau et E. Deschênes
180 Pascal Comeau
Godbout G0H 1G0
(418) 568-7748

$ 30, $$ 40, ☺ 5-10
(rc : 1 ch, 1er : 2 ch) (2 sb)

J F M A M J J A S O N D

Séjourner dans un joli bungalow au bord de la mer, près du traversier. Déjeuner servi à notre restaurant «Aux Berges». Calme et beauté du paysage, plages, pêche, circuit touristique, excursion en mer. Observation des chutes et des saumons athlètes.

De Québec, rte 138 est jusqu'à Godbout. Situé près du traversier.

3 SACRÉ-COEUR   F a

In a scented garden, smell and taste home-made bread and jam. The welcome and the relaxation of an agricultural and forest village. Near the Saguenay fjord. Salmon river, lake, sugar shack nearby. 15 km from Tadoussac. Whale watching.

From Tadoussac, Rte. 138 East and 172 North to Sacré-Coeur. Turn left on Rue Lavoie, and right on Morin. Or from Chicoutimi, Rte. 172 East towards Sacré-Coeur. Rue Morin on the left.

LES MARGUERITES
A. Deschênes et J.-P. Savard
65 rue Morin est
Sacré-Coeur G0T 1Y0
(418) 236-4307

$ 30, $$ 40, ☺ 7-10
(1er : 4 ch) (2 sb)

J F M A M J J A S O N D

Dans un jardin parfumé, humez et goutez confitures et pain maison. L'accueil, le repos d'un village agricole et forestier. Près du fjord du Saguenay. Rivière à saumon, lac, cabane à sucre à visiter. À 15 km de Tadoussac. Observation des baleines.

De Tadoussac, rtes 138 est et 172 nord jusqu'à Sacré-Coeur. 1ère rue à gauche, rue Lavoie et à droite rue Morin. Ou de Chicoutimi, rte 172 est vers Sacré-Coeur. Rue Morin à gauche.

4 SACRÉ-COEUR

F a 🐕 ℜ1

Recreational-tourist farm where we raise: deer, buffalo, wild boars, horses, sheep, and poultry. On premises: maple grove and sugar shack, fishing spring, horseback riding, hiking, and cross-country skiing trails, tennis. 15 km from Tadoussac.

From Tadoussac, Rtes 138 and 172 North towards Chicoutimi, to the sign "Ferme 5 Etoiles". Or from Chicoutimi north, Rte. 172 south on the right 60 meters from the road stop.

FERME 5 ÉTOILES
Imelda et Claude
465 route 172 nord
Sacré-Coeur G0T 1Y0
(418) 236-4551

$ 35, $$ 45, ☻ 10
(1er : 3 ch) (2 sb)

J F M A M J J A S O N D

Ferme recréo-touristique où on élève: chevreuils, bisons, sangliers, chevaux, moutons et volailles. Sur place: érablière et cabane à sucre, étang de pêche, sentiers équestres, pédestres, de ski de fond et tennis. À 15 km de Tadoussac. Pour la différence...

De Tadoussac, rtes 138 et 172 nord vers Chicoutimi. Surveiller panneau «Ferme 5 Étoiles». Ou de Chicoutimi nord, rte 172 sud à droite, à 60 mètres de la halte routière.

5 SACRÉ-COEUR

F a

Modern house recognizable by its large spaces, its cleanliness, the warmth and cheer of its residents. Breakfast served in the large sunroom with a view of the lake, the geese, the ducks and the other farm animals.

From Tadoussac, Rtes. 138 East and 172 North. Or from Chicoutimi North, Rte. 172 South. Watch for our sign: Ferme Camil et Ghislaine.

Ghislaine Gauthier
243 Route 172 Nord
Sacré-Coeur G0T 1Y0
(418) 236-4372

$ 30, $$ 40, ☻ 15
(ss : 3 ch) (2 sb)

J F M A M J J A S O N D

Maison moderne reconnue pour ses grands espaces, sa propreté, l'accueil et la bonne humeur des gens qui l'habitent. Déjeuner servi dans la grande verrière avec vue sur le lac, les bernaches, les canards et autres animaux de la ferme.

De Tadoussac, rtes 138 est et 172 nord. Ou de Chicoutimi nord, rte 172 sud. Surveiller notre panneau: Ferme Camil et Ghislaine.

6 STE-ANNE-DE-PORTNEUF

F ℜ1

Superb view of the sea. A sand bar located alongside the village where numerous birds make their homes. Recent fishermen, a village between the sea and the forest, where everything is right at hand. If you are looking for calm, this is a good choice.

From Québec City, Rte. 138 East to Ste-Anne-de-Portneuf, 288 km from Québec City, and 100 km from Tadoussac. Or from the Gaspé, take the ferry from Matane to Baie-Comeau, 135 km de Ste-Anne-de-Portneuf.

LA MAISON FLEURIE
Germina Fournier
193 route 138
Ste-Anne-de-Portneuf
G0T 1P0
(418) 238-2153

$ 25, $$ 40, ☻ 10
(1er : 3 ch) (2 sb)

J F M A M J J A S O N D

Vue superbe sur la mer. Un banc de sable longe le village où nombre d'oiseaux s'y réfugient. Une vocation récente de pêcheurs, un village entre la forêt et la mer, où tout est à la portée de la main. Si vous avez le goût de la tranquillité, c'est un choix assuré.

De Québec, rte 138 est jusqu'à Ste-Anne-de-Portneuf, 288 km de Québec et 100 km de Tadoussac. Ou de la Gaspésie, prendre la traverse Matane/Baie-Comeau, 135 km de Ste-Anne-de-Portneuf.

7 TADOUSSAC   F A ℜ0.1 VS

We are happy to welcome you into our home. Seen from Tadoussac, the Saguenay is breathtaking. Cruises with whale watching. Very near bus service. Welcome to our home.

From Québec City, Rte. 138 East to the ferry across the Saguenay. Once off the ferry, take the first road on the right.

Madeleine Fortier
176 rue des Pionniers
Tadoussac G0T 2A0
(418) 235-4215

$ 25-35, $$ 35-45, ☻ 10
(rc : 1 ch, 1er : 4 ch) (3 sb)

J F M A M J J A S O N D

Nous sommes heureux de vous accueillir dans notre maison. Vu de Tadoussac, le Saguenay est grandiose. Croisières avec observation des baleines. Tout près des services d'autobus. Bienvenue chez nous.

De Québec, rte 138 est jusqu'au traversier de la rivière Saguenay. En débarquant du traversier, prendre 1ère rue à droite.

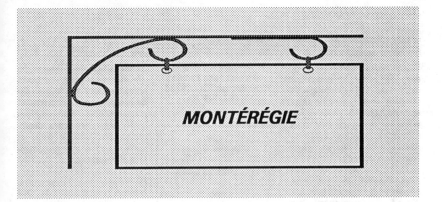

MONTÉRÉGIE

* Les numéros sur la carte correspondent à la numérotation des Gîtes de la région.
* *The numbers on the map correspond to the numbers of each establishment within the region.*

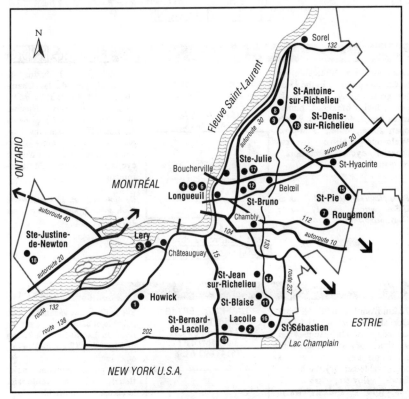

Near Montréal, many important events in the life of the province of Québec were played out here. The hills of the south shore are steeped on history and hold many treasures to be discovered: arts, history, outdoor living, apple orchards.

De nombreux événements marquants pour le Québec se sont déroulés en Montérégie, aux abords de Montréal. Imprégnées du parfum du passé, les collines montérégiennes recèlent des trésors à découvrir: arts, patrimoine, plein air, culture de la pomme.

1 HOWICK

Enjoy country hospitality on our 150 acre 5th generation dairy farm. Enjoy helping with the daily chores, feeding small animals, take a hay ride or just relax by the pool. We look forward to visiting with new friends around the campfire. Non-smokers only.

From Montréal, Hwy. 20 West, Mercier Bridge, Rte. 138 West. Rte. 203 to Howick (about 40 km). Cross the bridge, turn left on Lambton Street. Take English River Road and drive 2 km.

HAZELBRAE FARM
Gloria et John Peddie
1650 English River Road
Howick J0S 1G0
(514) 825-2390

$ 25, $$ 40, ☻ 5-9
(rc : 1 ch, 1er : 2 ch) (3 sb)

J F M A M J J A S O N D

Ferme laitière de 150 acres, 5e génération. Variété de petits animaux. Pour vos loisirs: feu de camp, tours de charrette et piscine. Zoo de Hemmingford à 30 km. Bicyclettes disponibles, cueillette de fruits et vente aux enchères à proximité. Gîte non-fumeur.

De Montréal, aut. 20 ouest, pont Mercier, rte 138 ouest. Rte. 203 jusqu'au village de Howick (environ 40 km). Traverser le pont, rue Lambton à gauche. Prendre English River Road et faire 2 km.

2 LACOLLE

One hour from Montréal, close to Champlain Lake in the U.S. for great sailing. Warm welcome, lavish breakfast, homemade bread, fresh eggs. Much open space, quiet, com-fort. Welcome nature lovers, especially cyclists and sailors. Non-smokers only.

From Montréal, Hwy. 15 South to U.S.A. border, Exit 1, Montée Guay, drive 5 km.

L'AUBERGINE
Richard Grenier
21 rang Edgerton
Lacolle J0J 1J0
(514) 246-2740
(514) 946-4880

$ 45, $$ 65, ☻ 10-15
(ss : 1 ch, rc : 2 ch) (3 sb)

J F M A M J J A S O N D

À moins de 1 heure de Montréal, près du lac Champlain aux USA pour la voile. Accueil chaleureux, déjeuner plantureux, pain maison, oeufs du poulailler. Beaucoup d'espace, quiétude, confort. Bienvenue aux amants de la nature: cyclistes et marins. Gîte non-fumeur.

De Montréal, aut. 15 sud direction USA, sortie 1, montée Guay, faire 5 km.

3 LÉRY

22 km from Montréal, 18 from Dorval, 75 from the U.S. On the edges of Châteauguay on the shores of Lac St-Louis with a panoramic view, a comfortable century old home. Lawn, flowers, trees. 2 peaceful verandas, warm welcome on your holiday trip.

From Montréal, Hwy. 20 West, Mercier Bridge, Châteauguay Exit, Rte.138 West, turn right on René-Lévesque and left on Rue Principale. Cross the railroad tracks, go straight ahead to Chemin du Lac. Turn right and drive 2 km.

LA FEUILLERAIE
Claire Raymond
32 chemin du Lac
Léry J6N 1A1
(514) 692-6438

$ 30-35, $$ 45-50, ☻ 10
(1er : 3 ch) (2 sb)

J F M A M J J A S O N D

Sur la route des vacances, halte paisible et campagnarde sur les rives du Lac St-Louis à 22 km de Montréal, 18 km de Dorval, aux limites de Châteauguay. Beau grand domaine boisé fleuri, maison centenaire luxueuse et confortable.

De Montréal, aut. 20 ouest, pont Mercier, sortie Châteauguay. Rte 138 ouest, rue René-Lévesque, à droite. Rue Principale à gauche. Traverser voie ferrée, continuer tout droit, puis à droite sur chemin du Lac, faire 2 km.

4 LONGUEUIL

F A ⊘ ℜ0.1

Located in a quiet area of old Longueuil, spacious air-conditioned house. A few minutes from the metro and downtown Montréal. We also speak Italian. Massotherapy available. Copious and varied breakfast. It will be a pleasure to accomodate you. Non-smokers only.

Coming from Montréal, Jacques-Cartier bridge, St-Charles Exit. Or from Rte. 132, Exit 8. One street East of City Hall and perpendicular to St-Charles.

Claudette Biron
235 rue St-Jacques
Longueuil J4H 3B8
(514) 674-4203

$ 30, $$ 50, ● 5-10
(1er : 2 ch) (1 sb)

J F M A M J J A S O N D

Le charme du vieux Longueuil à quelques minutes du métro et du centre-ville de Montréal. Grande maison climatisée. Parlons aussi italien. Optionnel: masso-thérapie. Petit déjeuner complet et varié. C'est un plaisir de vous accueillir chez nous. À bientôt. Gîte non-fumeur.

De Montréal, pont Jacques-Cartier, sortie St-Charles. Ou rte 132, sortie 8. Une rue à l'est de l'Hôtel de ville et transversale à St-Charles.

5 LONGUEUIL

F A ⊘ 🚐 ℜ1

We are near Rte. 132, Hwy. 20 and the metro which brings you downtown Montreal in a few minutes. Many restaurants around. Very quiet place. We speak fluent English. 2 bathrooms exclusively for our guests. Wonderful breakfasts prepared with care. Non-smokers only.

On Rte. 132, Exit 8. Follow signs for metro Longueuil. Take St-Charles St. 2 blocks after the shopping center "Place Longueuil", turn right on Victoria Street.

LE REPOS DU PASSANT
Araceli et André Girouard
725 rue Victoria
Longueuil J4H 2K2
(514) 651-8167

$ 40, $$ 50, ● 10
(1er : 2 ch) (2 sb)

J F M A M J J A S O N D

À quelques minutes du métro ou des routes 132 et 20, venez vous reposer dans le calme du vieux Longueuil. Idéal pour visiter Montréal. Tout près de nombreux restaurants. 2 salles de bain à l'usage exclusif des visiteurs. Réseau de pistes cyclables. Gîte non-fumeur.

De la rte 132, sortie 8. Suivre indications pour métro Longueuil. Prendre rue St-Charles. 3 rues après la «Place Longueuil», à droite sur Victoria.

6 LONGUEUIL

F a ⊘ ♿ 🚐 ℜ0.1

A century-old house provides you with a poetic ambience in the heart of Old Longueuil, close to the metro and downtown Montréal; sit by the fire in winter and on the terrace in the summer, tasting Loulou's delicious home-made pastries.

From Montréal, Jacques-Cartier bridge, St-Charles Exit. Or, from Rte. 132, Exit 8. Rue St-Charles to Rue St-Jean on the right. House behind the Longueuil city hall.

LE REFUGE DU POÈTE
Louise Vézina et Jaime Serey
320 rue Longueuil
Longueuil J4H 1H4
(514) 442-3688

$ 30-35, $$ 40-45, ● 10
(rc : 1 ch, 1er : 1 ch) (2 sb)

J F M A M J J A S O N D

Venez profiter d'une ambiance poétique dans une maison centenaire au coeur du Vieux-Longueuil, à proximité du métro et du centre-ville de Montréal; au coin du feu en hiver et sur la terrasse en été en dégustant les pâtisseries maison de Loulou.

De Montréal, pont Jacques-Cartier, sortie St-Charles. Ou rte 132, sortie 8. Rue St-Charles jusqu'à rue St-Jean à droite. Maison située derrière l'hôtel de ville de Longueuil.

7 ROUGEMENT

F A ⊘ ⚞ 🚗 ℛ5 🔌

Farm at the foot of a mountain. Orchard, various animals: ponies, goats, rabbits, poultry. Fruit picking, gardening, antiques, excursions, cross-country skiing, snowshoeing. Special attention given to babies and elderly people. Good cuisine. Non-smokers only.

From Montréal, Rte. 112 to Rougemont. Rte. 231 North, drive 5 km.

Lili Turgeon
1340 Grande Caroline
Rougemont J0L 1M0
(514) 469-3818

$ 35, $$ 45, ☯ 15
(rc : 1 ch, 1er : 2 ch) (3 sb)

J F M A M J J A S O N D

Ferme au pied de la montagne. Verger, élevage mixte: poney, chèvres, lapins, volailles. Cueillette de fruits, jardinage, antiquités, excursions, ski de randonnée, raquette, théâtre. Attention spéciale aux petits enfants et aînés. Bonne cuisine. Gîte non-fumeur.

De Montréal, rte 112 jusqu'à Rougemont. Rte. 231 nord, faire 5 km.

---

8 ST-ANTOINE-SUR-RICHELIEU

F a ℛ3 🔌

Ancestral home surrounded by trees and greenery, near the Richelieu River. Vegetable garden, cows, goats, rabbits, poultry. Healthy and varied meals. Calm environment. Warm welcome. Local telephone call from Montréal.

From Montréal, Hwy. 20 East, Exit 112. At the stop, turn left. Drive to St-Antoine. From the church, drive 3 km.

Antonia et Denis Marchessault
1610 du Rivage
St-Antoine-sur-Richelieu
J0L 1R0
(514) 787-2603

$ 35, $$ 45
(1er : 2 ch) (1 sb)

J F M A M J J A S O N D

Maison ancestrale entourée d'arbres et de verdure, près de la rivière Richelieu. Jardin potager, bovins, chèvres, lapins, volailles. Repas sains et variés. Environnement calme. Accueil chaleureux. Aucun frais téléphonique de Montréal.

De Montréal, aut. 20 est, sortie 112. À l'arrêt, à gauche. Se rendre à St-Antoine. De l'église, faire 3 km.

---

9 ST-ANTOINE-SUR-RICHELIEU

F a ℛ0 VS MC

19th century castle, home of the famous Cartier family. Our traditional luxurious setting and refined atmosphere are part of a certain "art de vivre", which includes tradition, warm welcome, service and French gastronomy.

55 km from Montréal. Hwy. 20 East Exit 112, left towards St-Marc-sur-Richelieu. Follow the road along the water to St-Antoine-sur-Richelieu.

CHÂTEAU ST-ANTOINE
Nicole et Yves Raymond
1000 Rue Durivage
St-Antoine-sur-Richelieu
J0L 1R0
(514) 787-2966

$ 55, $$ 70-80
(1er : 3 ch) (2 sb)

J F M A M J J A S O N D

Château du 19e siècle, demeure de la célèbre famille Cartier. Dans un cadre traditionnellement luxueux et une ambiance raffinée, découvrez le symbole d'un certain art de vivre, fait de tradition, d'accueil, de service et de gastronomie française.

À 55 km de Montréal. Aut. 20 est sortie 112, à gauche direction St-Marc-sur Richelieu. Suivre la route du bord de l'eau jusqu'à St-Antoine-sur-Richelieu.

10 ST-BERNARD-DE-LACOLLE   F A ⊘ 🏹 🚗 ℛ10

We love antiques, history, music and home cooking, good conversation and meeting all new and interesting people. Come and share our country tranquility and our warm hospitality. Non-smokers only.

THE OLD SMOOTHING BOARD
Gail et Stan Kennedy
336, Roxham road
St-Bernard-de-Lacolle J0J 1V0
(514) 247-2092

Passionnés d'antiquités, d'histoire, de musique, de cuisine maison et de bonnes conversations; nous sommes encore plus passionnés d'accueillir des gens comme vous. Venez partager notre tranquillité et notre foyer chaleureux. Gîte non-fumeur.

From Montréal, Rte. 15 south, Exit 6 to Hemmingford. At Parc Safari continue south 4 km. Or from Valleyfield, Rtes. 201 South, 202 East to Parc Safari. Turn right, drive 4 km.

$ 30, $$ 40, ☻ 5-10
(1er : 3 ch) (2 sb)

J F M A M J J A S O N D

De Montréal, aut. 15 sud, sortie 6 vers Hemmingford. Au Parc Safari, allez tout droit sur 4 km. Ou de Valleyfield, rtes 201 sud, 202 est vers Hemmingford. Au Parc Safari, à droite, faire 4 km.

11 ST-BLAISE   F A 🏹 🚗 ℛ10

Two bodied stone farmhouse circa 1830 in exclusively agricultural milieu, on large wooded lot with flower and vegetable gardens, swimming pool, complete bathroom reserved for guests, meals on request. Circuits of historical and patrimonial interest.

L'EPIVENT
Mariette et Gilbert
2520 Principale
St-Blaise J0J 1W0
(514) 291-3304

Maison deux corps circa 1830. Environnement exclusivement agricole, grand parc boisé avec jardin fleuri et potager, verger et piscine creusée. Salle de bain complète réservée aux visiteurs. Repas sur demande, circuits d'intérêt historique et patrimonial.

From Montréal, Hwy. 10 East Exit 22, Hwy. 35, towards St-Jean, Exit Pierre-Caisse. Turn left on Blvd. Industriel, right on Pierre-Caisse, left on Grand Bernier. At St-Blaise, Rue Principale is on your right.

$ 35, $$ 50-60, ☻ 0-5
(1er : 3 ch) (3 sb)

J F M A M J J A S O N D

De Montréal, aut. 10 est, sortie 22. Aut. 35 direction St-Jean, sortie Pierre-Caisse. À gauche sur boul. Industriel, à droite sur Pierre-Caisse, à gauche sur Grand-Bernier. À St-Blaise, rue Principale à droite.

12 ST-BRUNO-DE-MONTARVILLE   F A 🚗 ℛ1

20 km from Montréal, large house, all wooden interior, on 1 acre of land, where fruit, vegetable, flower gardens, maple, fir trees and cedar hedges ensure quiet, cool and comfortable surroundings. Ideal for children. We speak Dutch.

GÎTE ST-BRUNO
Dominique Richard
1959 Montarville
St-Bruno-de-Montarville
J3V 3V8
(514) 653-2149

20 km de Montréal, maison spacieuse, murs intérieurs lambrissés en bois, située sur 1 acre de terrain où jardin potager, arbres fruitiers, sapins, érables, fleurs et haies de cèdre assurent fraîcheur, calme et confort. Idéal pour enfants. Nous parlons le hollandais.

From Montréal, Jacques-Cartier Bridge, Taschereau Blvd., Exit Rte. 116 towards Beloeil. At St-Bruno lights, left on Rabastalière. Right on Montarville. Or from Hwy. 30, Exit 120, left on Clairevue Blvd., right on Montarville, left on Beaumont, right on Montarville.

$ 30, $$ 50, ☻ 5-15
(1er : 3 ch) (2 sb)

J F M A M J J A S O N D

De Montréal, Pont Jacques-Cartier, boul. Taschereau, sortie rte 116 vers Beloeil. Aux feux de circulation à St-Bruno, à gauche sur Rabastalière. À droite sur Montarville. Ou aut. 30, sortie 120, Clairevue à gauche jusqu'à Montarville, à droite. Beaumont à gauche et Montarville à droite.

13 ST-DENIS-SUR-RICHELIEU   F a ☎ ℜ5 ♨

Alongside the Richelieu, you will love the comfort of our large Canadian house brightened with flowers. Fruit and vegetable production, raising small animals. Weaving workshop and boutique. Varied breakfast, with home-made and natural products.

From Montréal, Hwy. 20 East, Exit 113. Rte. 133 North alongside the Richelieu river. Past the village of St-Denis, drive 5 km.

LA LAINE DES MOUTONS
Ema de Matos
110 ch. des Patriotes, rte 133
St-Denis-sur-Richelieu
J0H 1K0
(514) 787-2614

$ 25, $$ 40, ☯ 10-15
(1er : 3 ch) (2 sb)
J F M A M J J A S O N D

Le long du Richelieu, vous aimerez le confort de notre grande maison canadienne enjolivée de fleurs. Productions de fruits et légumes en serre, élevage de petits animaux de ferme. Atelier de tissage et boutique. Déjeuner varié, produits maison et naturels.

De Montréal, aut. 20 est, sortie 113. Rte 133 nord longeant la rivière Richelieu. Après le village St-Denis, faire 5 km.

14 ST-JEAN-SUR-RICHELIEU   F A 🚐 ℜ0 VS MC

Century old house built in 1867 situated on the canal of the Richelieu river near the downtown area. Quiet room where you will sleep peacefully. Package including boat rides on the river and summer theatre play with meals at restaurant Les Trois-Rives.

Eastern township Hwy., Exit 22 St-Jean., Hwy. 35, Exit seminaire Blvd. Straight to Champlain then turn right till 297 Richelieu, following the river all the way.

LES TROIS RIVES
Ginette et Michel Quintal
297 Richelieu
St-Jean-sur-Richelieu J3B 6Y3
(514) 358-8077

$ 35, $$ 50, ☯ 10
(1er : 2 ch, 2e : 1 ch) (1 sb)
J F M A M J J A S O N D

Maison rustique et sans prétention construite en 1867 située sur le canal et la Rivière Richelieu, voisine des écluses, au centre-ville. Chambres paisibles, forfait: repas aux Trois-Rives, croisière Richelieu et théâtre d'été des Écluses.

Aut. des Cantons de l'Est (10), sortie 22 St-Jean. Aut. 35 vers St-Jean jusqu'au boul. du Séminaire, tout droit jusqu'à la rue Champlain. À droite longer le bord de l'eau jusqu'au 297 Richelieu.

15 ST-PIE-DE-BAGOT   F A 🐕 🚐 ℜ0

Welcome! One of the village's oldest houses (1890). Quiet ambience. Riverside, birds, trail, flowered landscape. Summer theatres, horseback riding, greenhouse, golf, water slides. Sanair (2.5 km). Hope to see you soon!

From Montréal or Québec City. Hwy. 20, Exit 123 towards St-Hyacinthe. Drive straight ahead for 30 km to St-Pie. We're close to the church!

À LA BONNE FRANQUETTE
Mado, Daniel, Jean-Raymond
272 Notre-Dame
St-Pie-de-Bagot J0H 1W0
(514) 772-6162

$ 35-40, $$ 50-55
(1er : 2 ch) (1 sb)
J F M A M J J A S O N D

Bienvenue dans une des plus vieilles maisons (1890) du village. Ambiance tranquille. Bord de l'eau, sanctuaire d'oiseaux, sentier, grand terrain fleuri. Théâtres d'été, équitation, serres, golf, glissades d'eau. Sanair (2.5 km). On vous attend!

De Montréal ou Québec, aut. 20, sortie 123 direction St-Hyacinthe. Rouler toujours tout droit sur 30 km jusqu'à St-Pie. Nous sommes tout près de l'église.

16 ST-SÉBASTIEN

F A ⚐ ℜ1

In the first school in the village, come and relax. A place to enjoy with refined meals. 6 km from Champlain lake, a perfect place for ice fishing, windsurfing, golfing. 18 km from the U.S. border. We will be happy to meet you.

From Montréal, Champlain Bridge, Hwy. 10, Exit 22. Hwy. 35 South then the Rte. 133 South to St-Sébastien. You are 18.1 km from the customs at Philipsburg.

LE SALON DU VILLAGE
Charlaine et Jacques
607 Principale, route 133
St-Sébastien J0J 2C0
(514) 244-6237

$ 30, $$ 50, ● 5-10
(1er : 2 ch) (2 sb)

J F M A M J J A S O N D

Dans la première école du village, venez vous détendre. Un gîte à adopter avec des repas raffinés. À 6 km du Lac Champlain, endroit propice pour la pêche sur glace, planche à voile, golf. À 18 km de la frontière américaine. Au plaisir de vous voir.

De Montréal, pont Champlain, aut. 10, sortie 22. Aut. 35 sud, rte 133 sud jusqu'à St-Sébastien. Vous êtes à 18.1 km des douanes de Philipsburg.

17 STE-JULIE

F a ⊘ ⚐

Clean air, charming countryside, birds, walking and bicycle trails, downhill ski school and runs, cross country ski trails, arena, many summer theatres, cruise on the Richelieu. Ten minutes from Montréal. I will give you a warm welcome. Non-smokers only.

From Montréal or Québec City, Hwy. 20, Exit 102, Chemin Fer à Cheval going South, des Hauts-Bois Blvd., Gilles Vigneault Road, then des Brises Road.

GÎTE DES BRISES
Marie-Marthe Felteau
2 rue des Brises
Ste-Julie J0L 2S0
(514) 922-0502

$ 25, $$ 45
(1er : 3 ch) (1 sb)

J F M A M J J A S O N D

Air pur, paysage enchanteur, oiseaux, sentier de marche, de vélo, école de ski alpin, piste de ski de fond, ski alpin, aréna, plusieurs théâtres d'été, croisière sur le Richelieu. À 10 minutes de Montréal. Je vous donne mon accueil chaleureux. Gîte non-fumeur.

De Montréal ou de Québec, aut. 20, sortie 102, chemin Fer à Cheval vers le sud, boul. des Hauts-Bois, rue Gilles Vigneault, rue des Brises.

18 STE-JUSTINE-DE-NEWTON

F A ⚐ 🚐 ℜ2

On the Ontario border, a warm and friendly home welcomes you. Located on a hill, with a view of agricultural land and woods, it offers you the perfect setting to relax, walk, observe nature, meditate. Come and share this oasis of nature.

From Montréal, Hwy. 20 West, Exit 2 towards Beaudette. Rte. 325 North, drive 15 km. Past the little bridge, left on Rang 7. First farm on the right.

PEVERIL
Ginette Pageon
3112, 7e Rang
Ste-Justine-de-Newton
J0P 1G0
(514) 764-3562

$ 30-35, $$ 50-60, ● 10
(1er : 2 ch) (2 sb)

J F M A M J J A S O N D

À la frontière de l'Ontario, ma maison est chaleureuse et le site enchanteur respire le calme et la tranquillité. Viens y faire le plein d'énergie. Sentiers pour promenade, jardins et boisés pour relaxer, méditer ou rêver. Bienvenue à toi.

De Montréal, aut. 20 ouest, sortie 2 vers Rivière Beaudette. Rte 325 nord, faire 15 km. Après le petit pont, à gauche sur le 7e rang. Première ferme à droite.

Maison nationale des Patriotes
Centre d'interprétation sur l'histoire des Patriotes de 1837-1838

- Visites guidées
- Boutique
  de souvenirs

- Circuit pédestre
  sur l'histoire et
  le patrimoine

610, chemin des Patriotes, C.P. 120, **Saint-Denis-sur-Richelieu**, J0H 1K0
*De mai à septembre et en novembre, mois des Patriotes, du mardi au dimanche,
de 10 h 00 à 17 h 00. À l'année, visites sur réservations:* **(514) 787-3623.**
Subventionné par le ministère des Affaires culturelles.

Gîte La Laine des Moutons voir publicité page 92

Les Gîtes à la Ferme,

les grandes découvertes
des petits voyages.

AGRICOTOURS

*This was a memorable experience staying at
this bed and breakfast. Our host was an
extraordinarily charming, interesting hostess.
She made superb breakfasts and was helpful
with things to do in the area, plus giving us
maps and literature. Several mornings we had
breakfast with stimulating conversation on the
back veranda overlooking beautiful gardens.*

Amherst, New York

*Excellent and very helpful hosts. First class
breakfasts.*

Bethesda, Maryland

On fait grandir le Québec

La santé
des Québécois et des Québécoises,
c'est alimentaire!

L'Union des producteurs agricoles

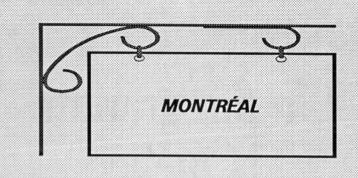

MONTRÉAL

* Les numéros sur la carte correspondent à la numérotation des Gîtes de la région.
* *The numbers on the map correspond to the numbers of each establishment within the region.*

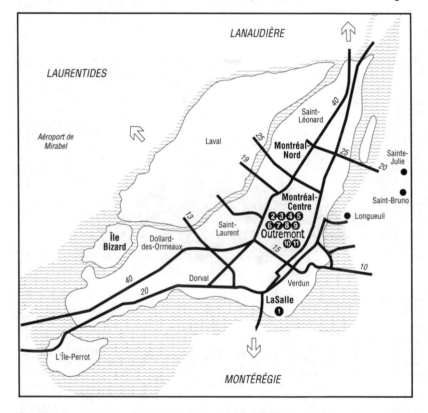

The vibrant crossroads of North American francophones, anglophones, and countless international cultures, Montréal is a lively metropolitan city, warm and friendly but with a distinctly modern face.

Carrefour nord-américain de la culture francophone et de la gastronomie internationale, Montréal est une ville animée, une métropole à la fois moderne et chaleureuse.

1 LASALLE

F A ℜ0.1

We are 10 min. from downtown Montréal and close to a metro station. The well known Lachine rapids are nearby, as is the bicycle path network. A warm welcome & comfortable accommodation awaits you. Restaurants are within easy walking distance.

Hwy. 15, Exit 62, "Verdun, de l'Église, La Verendrye". 4 km on La Verendrye. Left on Bishop Power to LaSalle Blvd. Left to house (100 meters on left).

LE RELAIS DU VILLAGE DES RAPIDES
Yolande et Paul Coliton
7695 boul. LaSalle
LaSalle H8P 1Y4
(514) 366-5492

$ 30, $$ 40, ● 5
(rc : 2 ch) (1 sb)
J F M A M J J A S O N D

Situé à 10 minutes du centre-ville de Montréal et à 5 min. du métro Angrignon. Face au fleuve, aux Rapides-de-Lachine et à la piste cyclable. Gîte familial, endroit paisible et petit déjeuner complet. Restaurants et café-terrasse à proximité.

Aut. 15, sortie 62 «Verdun, de l'Église, La Verendrye». Continuer 4 km sur La Verendrye. À gauche sur Bishop Power jusqu'au Boul. LaSalle. À gauche jusqu'au 7695 (100 mètres).

2 MONTRÉAL, CENTRE

F a ℜ0.1

In the heart of downtown (you can walk!), residential, large rooms, clean, modern, T.V., telephone, radio, ventilation. Access to a different kitchen for guests. Very friendly. Intimate. The number one place! Special rates for longer stays. Limited parking.

Métro Place des Arts, Jeanne-Mance Exit, #80 bus, 2nd stop. By car, Ville-Marie Expressway, St-Laurent Blvd. Exit. Continue on rue Sanguinet to rue Sherbrooke, turn left. Drive 1 km.

GÎTE TOURISTIQUE DU CENTRE-VILLE
Bruno Bernard
3523 rue Jeanne-Mance
Montréal H2X 2K2
(514)845-0431

$ 45, $$ 65
(1er : 3 ch) (2 sb)
J F M A M J J A S O N D

Coeur du centre-ville (on marche!), résidentiel, grandes chambres, propres, modernes, télé-couleur, téléphone, radio, ventilation. Accès à une cuisine différente pour visiteurs. Très sympa. Intimité. Le no 1 des gîtes! Tarif long séjour. Stationnement limité.

Métro Place-des-Arts, sortie Jeanne-Mance, autobus #80, 2e arrêt. En auto: Aut. Ville-Marie, sortie boul. St-Laurent. Continuer sur rue Sanguinet jusqu'à rue Sherbrooke. Tourner à gauche, faire 1 km.

3 MONTRÉAL, CENTRE

F a ℜ0.5

Come share in the comfort and calm of this ancestral home in the heart of downtown, so close to cultural activities and the Berri metro. In the morning, to start yourself off right, indulge in our generous breakfast. Special prices for longer stays.

Car: Blvd. de Maisonneuve going West, right on St-Christophe. Metro Berri: Rue St-Christophe across from the "Galeries Dupuis" exit. Bus: get off at the Terminus Voyageur, first street East of St-Hubert.

«L'ADRESSE» DU CENTRE
Huguette Boileau
1673 St-Christophe
Montréal H2L 3W7
(514) 528-9516

$ 40-50, $$ 50-60, ● 15
(2e : 3 ch) (1 sb)
J F M A M J J A S O N D

Venez partager confort et tranquillité d'une maison ancestrale au coeur du centre-ville, à deux pas des activités culturelles et de la station de métro Berri. Le matin, pour partir du bon pied, laissez-vous offrir un petit déjeuner copieux. Tarif long séjour.

Voiture : boul. de Maisonneuve vers ouest, à droite rue St-Christophe. Métro Berri : rue St-Christophe face à la sortie «Galeries Dupuis». Autobus : jusqu'au Terminus Voyageur, 1ère rue à l'est de St-Hubert.

4 MONTRÉAL, CENTRE   F A ⊘ ℜ0.1

A downtown home away from home. Quiet comfort in a large Victorian-style house. Just a stone's throw from Berri metro station, the busy hub of Montréal's transport system. Three rooms to chose from: the large room, the secluded room or the cosy room. Non-smokers only.

From Berri Metro Station or Voyageur Bus Terminal: Maisonneuve Blvd. East, South on St-André. By car: Sherbrooke St. East to St-André than go down St-André. Renovated house.

GÎTE LA DOUILLETTE
Marie-Carole Daigle
1796 rue Saint-André
Montréal H2L 3T9
(514) 526-9595

$ 40-50, $$ 50-60, ⊛ 0
(2e : 3 ch) (1 sb)

J F M A M J J A S O N D

Un chez-soi en ville! À quelques minutes du métro Berri, plaque tournante de l'activité montréalaise. En prime: le confort et la tranquillité d'une grande maison au cachet victorien. Au choix, 3 chambres: la grande, la discrète et la coquette. Gîte non-fumeur.

Métro Berri ou Terminus Voyageur: rue Maisonneuve vers l'est, puis à gauche sur St-André. En voiture: rue Sherbrooke est jusqu'à St-André, descendre rue St-André, maison grise et verte.

5 MONTRÉAL, CENTRE   F A ℜ0.1

An elegant Victorian residence awaits discerning visitors, seeking a haven in the heart of all that makes Montréal a cultural, gastronomical and recreational capital of the world. Walk to summer festivals, downtown, nightlife and daytime activities.

From airport: shuttle to bus station, 3 blocks North, 1 block East. Car: 4 blocks East of the intersection rue St-Denis and rue Sherbrooke. 2 blocks East of metro station Sherbrooke.

CHEZ ALEXIS
Diane-Alexis Fournier
3445 rue St-André
Montréal H2L 3V4
(514) 598-0898

$ 40-50, $$ 55-65, ⊛ 5
(2e : 2 ch) (1 sb)

J F M A M J J A S O N D

Le charme discret d'une élégante résidence victorienne, sur une rue tranquille, d'où une courte promenade vous mènera au coeur même des activités culturelles, gourmandes et touristiques montréalaises: festivals, le Vieux, théâtres, galeries, boutiques.

De l'aéroport: navette au terminus, 3 rues au nord, 1 rue à l'est. Voiture: 4 rues à l'est du carrefour des rues St-Denis et Sherbrooke. 2 rues à l'est du métro Sherbrooke.

6 MONTRÉAL, CENTRE   F A 🐕 ℜ0.2

A 19th century house, cosy and quiet. Warm hospitality, near the famous St-Denis street area, with its restaurants, boutiques and open air cafés. 3 minutes from Laurier metro, 10 minutes from downtown district. A generous and varied breakfast starts the day. Bicycles for rent.

From the North, rue St-Denis South. At Gilford, turn right. 100 feet further, on the corner of De Grang-Pré/Gilford. From the South: rue St-Denis North to St-Joseph, turn right. Turn around the metro station, on Gilford cross St-Denis.

LA MAISON DE GRAND-PRÉ
Jean-Paul Lauzon
4660 rue de Grand-Pré
Montréal H2T 2H7
(514) 843-6458

$ 45, $$ 65
(1er : 3 ch) (2 sb)

J F M A M J J A S O N D

Maison de style datant de 1875, arbres, pelouse, près de la rue St-Denis, boutiques et restaurants. 3 min. de la station de métro Laurier. Parc à l'arrière de la maison. Le petit déjeuner est un événement en soi. Vélos à louer.

Du nord de Montréal, rue St-Denis vers le sud. À droite sur Gilford, 50 mètres coin De Grand-Pré. Venant du sud, St-Denis nord. Boul. St-Joseph à droite, contourner le métro Laurier, rue Gilford vers l'ouest.

7 MONTRÉAL, CENTRE F A ℜ 0.5

Located on the main floor, facing a little park. Discreet atmosphere in the centre of Montréal. Warm and calm atmosphere, close to cultural and tourist activities, near bus and metro. Easy parking. We await your visit with pleasure.

From the Jacques Cartier bridge, Blvd. Delorimier North, Blvd. St-Joseph left, Rue Bordeaux right. Or from the North of Montréal, Rue Papineau South, Blvd. St-Joseph left, Rue Bordeaux left.

LA BONNE ÉTOILE
Louise Lemire et
Christian Guéric
5193 rue de Bordeaux
Montréal H2H 2A6
(514) 525-1698

$ 45-50, $$ 50-60, ☻ 0-10
(rc : 2 ch) (1 sb)

J F M A M J J A S O N D

Situé au rez-de-chaussée en face d'un petit parc. Environnement discret au centre de Montréal. Atmosphère chaleureuse et tranquille, proche des activités culturelles et touristiques, à proximité autobus et métro. Stationnement facile. Au plaisir de vous rencontrer.

Du pont Jacques-Cartier, boul. Delorimier nord, boul. St-Joseph à gauche, rue Bordeaux à droite. Ou du nord de Montréal, rue Papineau sud, boul. St-Joseph à gauche, rue Bordeaux à gauche.

8 MONTRÉAL, CENTRE F a ℜ 0.1

Historic Victorian house with a private garden facing a cosy park. 3 min. walk from métro, 5 min. drive from downtown and Old Montréal. Outdoor market and many antique dealers in the area. Free private parking and easy access from Hwy. Bicycles available. Charming and friendly.

From East or West, take Exit Atwater on Ville-Marie express way (720). Take St-Antoine (one way) until you meet Agnès Street. It's one block past "Impérial Tobacco" building, turn left.

BONHEUR D'OCCASION
Francine et Patrice
846 rue Agnès
Montréal H4C 2P8
(514) 935-5898

$ 50, $$ 60, ☻ 10
(rc : 3 ch) (2 sb)

J F M A M J J A S O N D

À 3 minutes du métro, belle d'époque sur rue paisible face à un joli parc. Jardin et stationnement privés, vélos à prêter. Voisin du Vieux-Montréal, du centre-ville, des voies rapides, de la piste cyclable, des boutiques d'antiquaires et d'un marché animé. «C'est l'bonheur!».

De Mirabel ou Dorval, aut. 20 est et aut. Ville-Marie (720 est) sortie Atwater. Ou de la rive sud, accès par le pont Champlain, sortie Atwater. Puis d'Atwater, prendre rue St-Antoine vers l'ouest.

9 MONTRÉAL, CENTRE F A ℜ 0.1

Charming and friendly accommodation. Ideally located for easy access to Montréal's recreational and cultural events. Two blocks from a variety of ethnic restaurants. Quiet, varied and hearty breakfasts, living-room, possibility of parking and very close to the metro.

From Mirabel, to the Voyageur Bus Terminal. Metro to Mont-Royal Station. Right on Rue Berri, Seventh house to the South. Or Rue Sherbrooke, Rue St. Denis North. Right on Rue Mont-Royal, right on Rue Berri.

LA DORMANCE
Chantale Savoye et
Eddy Lessard
4424 Berri
Montréal H2J 2R1
(514) 844-1465

$ 45, $$ 60-65
(1er : 3 ch) (1 sb)

J F M A M J J A S O N D

Accueil chaleureux et amical. Étonnamment tranquille pour dormir. Près du métro, des activités culturelles et récréatives et des restaurants ethniques. Supers déjeuners variés et complets. Salon à l'étage, bibliothèque. Jardin accessible. Possibilité stationnement.

De Mirabel, jusqu'au terminus Voyageur. Métro sortie Mont-Royal. À droite rue Berri, 7e maison vers le sud. Ou rue Sherbrooke, rue St-Denis direction nord. Mont-Royal à droite et Berri à droite.

10 OUTREMONT, MONTRÉAL   F A 𝔐 0.7

House built in 1866, located in one of the most beautiful neighbourhoods, near many activities. Brunch in a beautiful garden, calm and secluded. From September to June, music lovers will be happy to meet our young virtuosi of classical music and ballet.

From downtown: Ave. du Parc alongside the mountain, veer left on Côte Ste-Catherine, drive to 792. Or from the metro Édouard Montpetit: walk down Rue Vincent d'Indy, turn left.

LA MAISON MARTIN & GAGNON
L. Gagnon et M. Martin
792 Ch. Côte Ste-Catherine
Outremont H3T 1A7
(514)735-6055/(514)735-8820

$ 50-55, $ 60-75 , ☻ 10
(1er : 2 ch, 2e : 1 ch) (2 sb)
J F M A M J J A S O N D

Maison datant de 1866 située dans le plus beau quartier au centre des activités. Brunch dans un magnifique jardin, lieu calme et discret. De septembre à juin, les mélomanes seront ravis de cotoyer nos jeunes virtuoses de ballet et musique classiques.

Du centre-ville: ave du Parc longeant la montagne. Dévier à gauche sur Côte Ste-Catherine jusqu'au 792. Ou du métro Édouard-Montpetit; descendre rue Vincent d'Indy, tourner à gauche.

11 OUTREMONT, MONTRÉAL   F A ⊘ 🚐 𝔐 0.1

Come and relax in a delightful neighborhood close to restaurants, fine boutiques and the metro. Walking distance to the mountain, the university and nice parks. You will share hearty breakfasts in the quiet atmosphere of a calm cottage. Parking. Non-smokers only.

Coming from downtown, follow Park Ave., turn left on Côte-Ste-Catherine and turn right on Wiseman. Laviolette is the 4th street. Or from Metro Outremont, follow Wiseman South for 500 meters.

LA VIOLETTE D'OUTREMONT
Pierre Pontbriand
27 avenue Laviolette
Outremont H2V 1X6
(514) 270-2385

$ 35-50, $$ 45-60
(1er : 3 ch) (2 sb)
J F M A M J J A S O N D

Outremont est une oasis de verdure et de calme au coeur de Montréal. Maison à quelques pas de la rue Bernard (restaurants et boutiques) et du métro. La montagne et l'université sont tout près. Déjeuners variés et copieux. Stationnement. Gîte non-fumeur.

Du centre-ville, avenue du Parc, à gauche sur Côte-Ste-Catherine et à droite sur Wiseman jusqu'à Laviolette. Ou du métro Outremont, suivre Wiseman vers le sud sur 500 mètres.

MONTRÉAL RIVE-SUD, SOUTH SHORE

À FEW MINUTES FROM DOWNTOWN MONTRÉAL

LONGUEUIL (tout près du métro Longueuil, very near the subway)
Le Repos du Passant, 725 Victoria, (514) 651-8167, page **89**
Claudette Biron, 235 St-Jacques, (514) 674-4203, page **89**
Refuge du Poète, 320 rue Longueuil, (514) 442-3688, page **89**

ST-BRUNO (à 20 minutes de Montréal, 20 minutes from Montréal)
Gîte St-Bruno, 1959 Montarville, (514) 653-2149, page **91**

SAINTE-JULIE (à 10 minutes de Montréal, 10 minutes from Montréal)
Gîte des Brises, 2 rue des Brises, (514) 922-0502, page **93**

LÉRY (à 15 minutes du Pont-Mercier, 15 minutes from Mercier Bridge)
La Feuilleraie, **32** chemin du Lac, (514) 692-6438, page **88**

LE REPOS ET LE CALME À QUELQUES MINUTES DU CENTRE VILLE DE MONTRÉAL

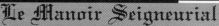

AGRICOTOURS

*Nous trouvons très plaisant de rencontrer des
personnes aussi accueillantes et sympathiques et
le prix y est pour beaucoup. Avec notre famille
de 4 enfants, les hôtels c'est trop dispendieux.
Les maisons de campagnes, c'est une belle
façon de connaître d'autres régions et d'autres
paysages. Les enfants ont beaucoup apprécié
leur séjour à la ferme. Ils ont aimé participer aux
activités et voir les animaux de près. Ce fut pour
nous des vacances inoubliables.*

Rock Forest

*Nous avons utilisé votre guide des gîtes du pas-
sant pendant nos vacances au Québec et l'on
peut dire que nous avons ainsi vraiment ren-
contré le Québec avec cette formule. Dans
chaque gîte, nous avons trouvé un accueil
chaleureux, un bon confort, une propreté
impeccable, de délicieux et copieux déjeuners
et tout le charme du Québec à travers les histoires locales. Les prix pratiqués dans chaque
gîte étaient conformes à l'annonce dans le
guide des gîtes du passant.*

Étudiante et Ingénieur, France

*Hôtes très accueillants, la maison est parfaite-
ment tenue, les chambres sont extrêmement
propres et très coquettes. Tout est très très
bien. Félicitations !*

France

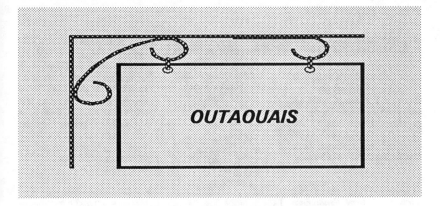

OUTAOUAIS

* Les numéros sur la carte correspondent à la numérotation des Gîtes de la région.
* *The numbers on the map correspond to the numbers of each establishment within the region.*

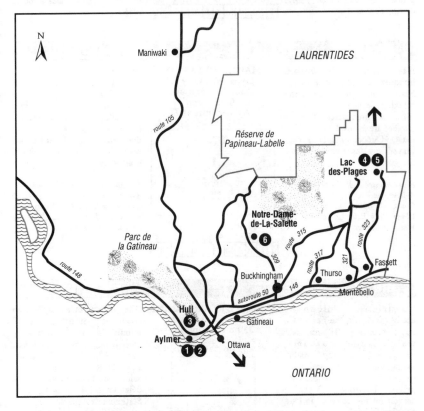

Outaouais, near the nation's capital, is spotted with picturesque villages, forests and waterways, and great areas for sports and outdoor activity. The region is a heaven for hunters and fishermen.

Vers la capitale nationale, peuplée de villages pittoresques, cette région de forêts et de cours d'eau forme un agréable site de sport et de plein air. C'est le royaume des chasseurs et des pêcheurs.

1 AYLMER F A 🚫 ♿ ℜ0.2 VS MC

Our comfortable Victorian home is located in a village on the Ottawa River, minutes from Ottawa's Parliament buildings and national sites. Enjoy the gardens, local beach and bicycle paths. Also a self-contained carriage-house studio ($90) for 4. Non-smokers only.

From Rte. 417, Exit Island Park North or Kirkwood North. From Ottawa, cross any bridge, turn left on Rte 148 West. Do not turn again. House is at bottom of street on left, close to river.

LA RAJOTIÈRE
Michèle Quenneville et
Jean Veillette
14 rue Principale
Aylmer J9H 3K8
(819) 685-0650

$ 40, $$ 50, ● 10
(rc : 1 ch, 1er : 3 ch) (3 sb)
J F M A M J J A S O N D

Grande maison d'époque à quelques minutes d'Ottawa, du Parlement et des autres sites touristiques de la Capitale canadienne. Chambres ensoleillées, grands jardins; prêt de vélos et grils à cuisson. Plage à proximité. Aussi un pavillon pour 4 pers. (90$). Gîte non-fumeur.

Rte 417, sortie Island Park nord D'Ottawa, traverser n'importe quel pont, tourner à gauche sur la 148 ouest. «La Rajotière» est au bas de la rue Principale, juste avant la rivière.

2 AYLMER F A 🐕 ℜ0.2 VS MC

Near Hull and Ottawa, hundred-year-old house at the heart of old Aylmer, calm and relaxing. Claire and Louise offer a breakfast of your choice: fresh products, golden toast, Québec maple syrup, served in a tea room designed for guests.

From Montréal, Rte. 148 West. At Aylmer, on Rue Principale, left on Court. Or from Ottawa, Rte. 417 Island Park Exit. Left on the 148 West. At Aylmer...

MAISON DES LILAS
Louise Tremblay et
Claire Maisonneuve
36 rue Court
Aylmer J9H 4L7
(819) 684-6821

$ 40, $$ 50, ● 10
(1er : 4 ch) (2 sb)
J F M A M J J A S O N D

Près de Hull et d'Ottawa, maison centenaire au coeur du vieux Aylmer calme et reposante. Claire et Louise vous attendent avec déjeuner à la carte: produits frais, pain doré, sirop d'érable du Québec servi au salon de thé aménagé pour vous.

De Montréal, rte 148 ouest. À Aylmer sur la rue Principale, à gauche sur Court. Ou d'Ottawa, rte 417 sortie Island Park. À gauche rte 148 ouest. À Aylmer...

3 HULL F a 🐕 ℜ0.1 VS

Luxurious, welcoming establishment in the heart of a large property. 10 minutes' walk from museums, parliament, cycling paths, skiing, parks... Air-conditioned rooms. Suite for 5 people with private bathroom. Breakfast served on the terrace. Private parking.

From Montréal, Rte. 148 West. At Hull, Blvd. Maisonneuve Exit, left at Verdun, left at Champlain. Or from Ottawa, Hwy. 417 Mann Exit towards Hull, Cartier-MacDonald bridge, Maisonneuve Exit...

COUETTE ET CROISSANT
Anne Picard Allard
330 rue Champlain
Hull J8X 3S2
(819) 771-2200

$ 40, $$ 55-60
(ss : 1 ch, 1er : 3 ch) (1 sb)
J F M A M J J A S O N D

Gîte luxueux et accueillant au coeur du patrimoine. À 10 minutes de marche des musées, parlement, pistes cyclables, ski, parc... Chambres climatisées. T.V. Suite pour 5 pers. avec salle de bain privée. Petit déjeuner servi sur la terrasse. Stationnement privé.

De Montréal, rte 148 ouest. À Hull, sortie boul. Maisonneuve, à gauche Verdun, à gauche Champlain. Ou d'Ottawa, aut. 417 sortie Mann vers Hull, Pont Cartier McDonald, sortie boul. Maisonneuve...

4 LAC-DES-PLAGES

FA 🐕 ℜ3 VS MC

Located between St-Jovite and Montebello, our comfortable country home offers peace and tranquility. Outdoor activities include swimming, canoeing, hiking, snowshoeing, cross-country and downhill skiing (40 minutes from Mont-Tremblant and Gray-Rocks).

From Montréal, Hwy. 15 North and Rte. 117 North to St-Jovite, Rte. 323 South to the intersection with Vendée Road. Or from Ottawa, Rte. 148 to Montebello, Rte. 323 North to Lac-des-Plages, 3 km to the intersection of Vendée Road.

L'AUVENT BLEU
J.F. Boissonnault et L. Martin
6 chemin Vendée
Lac-des-Plages J0T 1K0
(819) 687-2981

$ 30, $$ 45, ☻ 10
(1er : 3 ch) (2 sb)

J F M A M J J A S O N D

Près de St-Jovite ou Montebello, confortable maison de campagne où règne calme, paix et détente. Pour vos loisirs: baignade, randonnée pédestre, canotage, raquette, ski alpin et de randonnée. À proximité du Mont-Tremblant et de Gray-Rocks.

De Montréal, aut. 15 nord et rte 117 nord jusqu'à St-Jovite. Rte 323 sud jusqu'à l'intersection de Vendée. Ou de Hull, rte 148 jusqu'à Montebello, rte 323 nord jusqu'à Lac-des-Plages.

5 LAC-DES-PLAGES

FA ℜ0.5

Young relaxed family invites you to our comfortable home. Panoramic view of the lake, stroll on the veranda, play around in the gentle lake, doze on the golden sandy beach. 35 km of cross-country ski trails. Swedish and Québecois culture.

From Montréal, Hwy. 15 North towards St-Jovite, Rte. 323 South towards Lac-des-Plages. Or from Ottawa, Hwy. 50 East. At Masson, Rte. 148 East. At Montebello, Rte. 323 North.

**LA MAISON
CARLS-SCHMIDT**
Maud et Martin
2061 Tour du Lac
Lac-des-Plages J0T 1K0
(819) 426-2379

$ 30, $$ 50, ☻ 0-10
(1er : 5 ch) (2 sb)

J F M A M J J A S O N D

Jeune famille décontractée vous invite dans sa confortable maison. Vue panoramique du lac, flânerie sur la galerie, ébats dans un lac à pente douce, somnolence sur la plage de sable blond. 35 km de pistes de ski de fond. Culture Québécoise et Suédoise.

De Montréal aut. 15 nord direction St-Jovite, rte 323 sud vers Lac-des-Plages. Ou d'Ottawa, aut. 50 est. À Masson, rte 148 est. À Montebello, rte 323 nord.

6 NOTRE-DAME-DE-LA-SALETTE

FA ℜ8

We offer you shelter and healthy food simply, without fuss. On our farm, the meadows are nestled between the forest and the mountains. Josiane and Eve await you in their kingdom. Chickens, cows, cats roam around. The "Lièvre Valley" will charm you.

From Montréal, Rte. 148 to Masson, Rte. 309 to N.D.-de-la-Salette. Leave the 309, enter the village. At the old post office, take Thomas South for 2.3 km. Turn right on Chomedey. Drive 4 km.

LE GÎTE JOSIANE-EVE
Louise Brazeau
et Pierre Drouin
rang Chomedey, R.R. 1
N.-D.-de-la-Salette J0X 2L0
(819) 766-2562

$ 28, $$ 40, ☻ 10
(1er : 1 ch) (2 sb)

J F M A M J J A S O N D

C'est sans prétention que nous vous offrons le gîte sur notre ferme où les prés côtoient la forêt et la montagne. La vallée de la Lièvre vous enchantera. Josiane et Eve vous attendent dans leur domaine. Au menu: produits de la terre et de la forêt.

De Montréal, rte 148 vers Masson, rte 309 vers N.D. de-la-Salette. Laisser la rte 309, entrer dans le village. À l'ancien bureau de poste, ch. Thomas sud, faire 2.3 km. À droite, ch. Chomedey, faire 4 km.

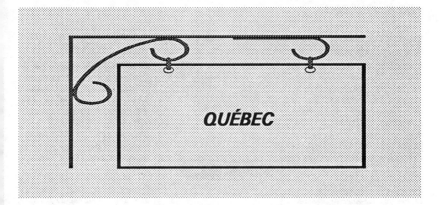

QUÉBEC

* Les numéros sur la carte correspondent à la numérotation des Gîtes de la région.
* *The numbers on the map correspond to the numbers of each establishment within the region.*

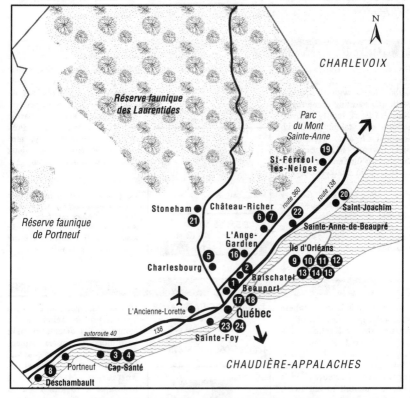

A heritage jewel of the world, with year round exciting cultural activities, the province's capital city and region radiate warm hospitality and the promise of memories to be treasured.

Un joyau du patrimoine mondial, un calendrier d'activités culturelles chargé: une ville et une région au coeur chaud, la promesse d'impérissables souvenirs.

1 BEAUPORT

F a 🐾 🚐 ℜ0.1

Located on the oldest street in Québec City, very close to the Montmorency Manor and falls, opposite the river and the Ile d'Orléans. 10 km from downtown Québec City, bus stop in front. Trails on the banks of the Montmorency River. Local arts and crafts.

From Montréal, Hwy. 20 East, Pierre-Laporte Bridge, Blvd. Henri IV towards Ste-Anne-de-Beaupré, Exit 322 to the left. Drive 2.3 km. Corner of Royal and Anne Larue. Or from the North Shore, Rte. 138 West, Exit 322.

EN HAUT DE LA CHUTE
Gisèle et Bertrand Tremblay
2515 avenue Royale
Beauport G1C 1S2
(418) 666-4755

$ 35, $$ 45, ❷ 5-12
(rc : 3 ch) (3 sb)
J F M A M J J A S O N D

Situé sur la plus vieille rue de Québec, à deux pas du manoir et des chutes Montmorency, face au fleuve et à l'Ile d'Orléans. À 10 km du centre-ville de Québec, arrêt d'autobus en face. Sentiers aux abords de la rivière Montmorency. Grand parc.

De Montréal, aut. 20 est, pont Pierre-Laporte, boul. Henri IV direction Ste-Anne-de-Beaupré, sortie 322 à gauche. Faire 2.3 km. Coin Royal et av. Larue. Ou de la Côte Nord, rte 138 ouest, sortie 322.

2 BOISCHATEL

F a ⊘ 🐾 🚐 ℜ0.1

House with old-fashioned charm, where the scent of herbs blends with the wood-work and painting creations of your hosts. Friendly conver-sations and table laid with seasonal treats. Near the Montmorency Falls, between the Ile d'Orléans and Old Québec. Non-smokers only.

From Québec City, Blvd. Henri IV towards Ste-Anne-de-Beaupré. Exit 322 Blvd. des Chutes East, drive 3 km. After the Pont des Chutes, third house. Or from the 138 West, Boischatel Exit, Royale Ave. West.

LA RESSURGENCE
Donate Lavoie et
Denise Lessard
5025 Royale
Boischatel G0A 1H0
(418) 822-0434

$ 35, $$ 50, ❷ 10
(1er : 3 ch) (2 sb)
J F M A M J J A S O N D

Maison au charme d'antan où le parfum des herbes s'harmonise aux créations de vos hôtes ébéniste et peintre. Dialogue amical et table garnie de produits saisonniers. Près des chutes Montmorency, entre l'Ile d'Orléans et le vieux Québec. Gîte non-fumeur.

De Québec, boul. Henri IV vers Ste-Anne-de-Beaupré, sortie 322, boul. des Chutes est, faire 3 km. Après le pont des Chutes, 3e maison. Ou de la Côte Nord, sortie Boischatel, ave. Royale ouest.

3 CAP-SANTÉ

F ⊘ 🚐 ℜ6

Two-century-old house where you will enjoy the calm of the country, the relaxation of a whirlpool, and a hammock. Copious healthy breakfasts. Massage available with appointment. Restaurant in a historic windmill 13 km away. Campfires in the evenings. Non-smokers only.

From Montréal, Hwy. 40 East or from Québec City, Hwy. 40 West, Exit 269, Rte. 358, towards St-Basile. Drive about 3 km. First road on the left, towards St-Basile, drive 1 km. First road on the right.

L'OASIS DE LA PLAINE
Diane Boilard
24 St-Francois est
Cap-Santé G0A 1L0
(418)285-0668/(418)873-5046

$ 29, $$ 45, ❷ 10-15
(1er : 3 ch) (2 sb)
J F M A M J J A S O N D

Maison bicentenaire où vous apprécierez le calme de la campagne, la détente du bain tourbillon ext. et le hamac. Copieux déjeuners santé. Massage sur réservation. Restaurant dans moulin historique à 13 km. Feux de camp le soir. Gîte non-fumeur.

De Montréal, aut. 40 est ou de Québec, aut. 40 ouest, sortie 269, route358, direction St-Basile. Faire environ 3 km. 1ère route à gauche, direction St-Basile, faire 1 km. 1er rang à droite.

4 CAP-SANTÉ

F a 🚫 🎇 1

On one of the most beautiful streets in the country, in the heart of a village beside a river. On property with trees and flowers, our home is spacious and comfortable. Home-made breakfast. At only 30 minutes from Québec City. Non-smokers only.

From Québec City, Hwy. 40 West, Exit 269, turn right, drive 2 km. Turn right, Rte. 138, drive 1 km. At the flashing light, left on Vieux Chemin. Or from Montréal, Hwy. 40 East, Exit 269, turn left for 1 km...

L'HÉMÉROCALLE
102 Vieux Chemin
C.P. 11
Cap-Santé G0A 1L0
(418) 285-3545

$ 35, $$ 50-55
(1er : 3 ch) (2 sb)

J F M A M J J A S O N D

Sur une rue classée l'une des plus belles au pays, au coeur d'un village historique au bord du fleuve, sur un terrain boisé et fleuri, notre maison est spacieuse et confortable. Petit déjeuner maison. À 30 minutes de Québec. Gîte non-fumeur.

De Québec, aut. 40 ouest, sortie 269, à droite, faire 2 km. À droite, rte 138, faire 1 km. Aux feux clignotants à gauche Vieux Chemin. Ou de Montréal, aut. 40 est, sortie 269 à gauche, faire 1 km...

5 CHARLESBOURG

F 🚗 🎇 1

Come relax 10 minutes from Québec City and l'Île-d'Orléans. Warm welcome, large comfortable house, relaxing atmosphere under the trees, delicious breakfast. We will be happy to meet you.

From Québec City, towards Chicoutimi, Rte. 73 North, take Jean-Talon/Charlesbourg Exit to the right. Turn left on Rue des Platanes, to the right on Rue des Roses. Left on Ave. des Tulipes.

Lise Boucher et Réal Proulx
6622 avenue des Tulipes
Charlesbourg G1G 5P3
(418) 628-8005

$ 40, $$ 50, ◉ 10
(1er : 2 ch) (2 sb)

J F M A M J J A S O N D

Venez vous reposer à 10 min. de Québec et de l'Île-d'Orléans. Accueil chaleureux, grande maison confortable, atmosphère de détente sous les arbres, déjeuner savoureux. Nous serons heureux de faire votre connaissance.

De Québec, direction Chicoutimi, rte 73 nord, sortie boul. Jean-Talon/Charlesbourg à droite. À gauche à rue des Platanes. À droite sur rue des Roses. À gauche sur l'avenue des Tulipes.

6 CHÂTEAU-RICHER

F A 🚗 🎇 0 VS MC

Between Mont Ste-Anne and Québec City, in the heart of the Beaupré region, treat yourself to an incomparable stay at our home, along with delicious meals from the Baker restaurant. You will find all the charm and the comfort of a country home.

East of Québec City, Rte. 138 East towards Ste-Anne-de-Beaupré. 18.5 km from the Montmorency Falls. Watch for the name "Baker" on the roof of the restaurant.

BAKER
Gaston Cloutier
8790 rue Royale
Château-Richer G0A 1N0
(418)824-4478/(418)666-5509

$ 40-70, $$ 45-75, ◉ 0-10
(1er : 5 ch) (2 sb)

J F M A M J J A S O N D

Entre le Mont Ste-Anne (12 min.) et Québec (18 min.), au coeur de la côte de Beaupré; offrez-vous un gîte incomparable jumelé à la table exceptionnelle du restaurant Baker. Vous y trouverez tout le charme et le confort des auberges de campagne.

À l'est de Québec, rte 138 est direction Ste-Anne-de-Beaupré. 18.5 km des chutes Montmorency. Surveiller à gauche le nom «Baker» sur le toit du restaurant.

7 CHÂTEAU-RICHER   F A ℜ3 VS MC

At only 15 min. from Old Québec, near Mont Ste-Anne. Discover a spacious Victorian house (1868). Cosy living room, fire places. Enjoy a full breakfast overlooking the St-Laurence River. Romantic atmosphere to unwind, shared or private bath.

From Québec City, Rte. 138 East. From the Ile d'Orléans Bridge, drive 15 km. Left at the Château Richer, right on Ave. Royale, left on Côte de la Chapelle. Up the hill to Pichette, first street on left.

LE PETIT SÉJOUR
Michel Langevin
394 Pichette
Château-Richer G0A 1N0
(418) 824-3654

$ 35-50, $$ 50-80, ✪ 0-10
(rc : 1 ch, 1er : 4 ch) (3 sb)

J F M A M J J A S O N D

À 15 min. du Vieux Québec et à 10 min. du Mont Ste-Anne. Séjournez dans une maison victorienne (1868). Copieux petit déjeuner avec vue sur le fleuve et la côte. Grand salon: murs de pierres et foyers. Chambres: salle de bain privée et semi-privée.

De Québec, rte 138 est. Du pont de l'Ile d'Orléans, faire 15 km. À gauche à Château-Richer, à droite sur avenue Royale, à gauche Côte de la Chapelle. 100 pieds max. à gauche sur Pichette.

8 DESCHAMBAULT   F a ℜ2

Monument dated from the Régime Français at the heart of a historic village. Our home is very close to Cap Lauzon, place for an ideal view of the St-Laurence River. We offer carefully prepared cuisine and good times.

From Montréal or Québec City, Hwy. 40, take Exit 257 Deschambault. At the Rte. 138, turn right. Our house is 500 meters further on the right.

MAISON DE LA
VEUVE GROLO
Donald Vézina
200 ch. du Roi, route 138
Deschambault G0A 1S0
(418)286-6831/(418)286-4370

$ 40 $$ 50, ✪ 15
(1er : 4 ch) (2 sb)

J F M A M J J A S O N D

Monument classé du Régime Français au coeur d'un village historique. Notre maison est à 2 pas du Cap Lauzon, un site offrant une des plus belles vues sur le St-Laurent. Nous vous offrons une cuisine soignée et l'occasion de vivre de beaux moments.

De Montréal ou Québec, aut. 40, prendre la sortie 257 Deschambault. À la rte 138, tourner à droite. Notre maison est à 500 mètres sur la droite.

9 ÎLE D'ORLÉANS, ST-JEAN   F A ℜ0.1

Ancestral home, where calm and tranquility are the most important things. View of the river. Renovated rooms with sinks. Very near a family restaurant and a summer theatre. Generous breakfast. A good place to discover!

From Québec City, Rte. 138 East, Ile d'Orléans Exit. From the bridge, straight ahead for 20 km. Past the "Theatre Paul Hébert", first street on the left, at the top of the hill, first white house on the right.

LA MAISON SUR LA CÔTE
Marie et Tony Fleming
1477 chemin Royal
St-Jean, Île d'Orléans
G0A 3W0
(418) 829-2971

$ 40, $$ 50, ✪ 15
(1er : 4 ch) (2 sb)

J F M A M J J A S O N D

Maison ancestrale où règne le calme et la tranquillité. Vue sur le fleuve. Chambres finies bois naturel avec lavabo. À 20 min. de Québec et à quelques pas d'un restaurant familial et d'un théâtre d'été. Copieux petit déjeuner maison. Un gîte à découvrir!

De Québec, rte 138 est, sortie Ile d'Orléans. Du pont, aller tout droit, faire 20 km. Passer «Théâtre Paul Hébert», 1ère rue à gauche, en haut de la côte, 1ère maison blanche à droite.

829.3270

10 ÎLE D'ORLÉANS, ST-LAURENT   F a ℜ2

We offer you the charm of the island, with its attractions and its customs. Large property with access to the river, near the marina. Traditional breakfasts with fruits in season. We will do everything possible to make your stay an enjoyable one.

From Québec City, Hwy. 40 East or 138 East, Ile d'Orléans Exit. From the bridge, drive straight for approximately 7 km.

LA MANSARDE
G. et P.-H. Bouffard
1403 chemin Royal
St-Laurent, Île d'Orléans
G0A 3Z0
(418) 828-2780

$ 35, $$ 45, ☻ 5-10
(1er : 2 ch) (1 sb)

J F M A M J J A S O N D

Le charme de l'Ile, ses attraits et ses coutumes vous sont offerts. Vaste terrain avec accès au fleuve, près de la marina. Déjeuners traditionnels accompagnés de fruits de saison. Nous ferons tout pour agrémenter votre séjour.

De Québec, aut. 40 est ou rte 138 est, sortie Ile d'Orléans. Du pont, aller tout droit, faire environ 7 km.

11 ÎLE D'ORLÉANS, ST-LAURENT   F a 🐕 ℜ1

In a house at least 150 years old, I will make you a large breakfast accompanied by a warm friendship in a relaxing atmosphere of yesteryear. Two rooms with private bathrooms. 25 km from Québec City and close to Mont Ste-Anne.

From Québec City, Hwy. 40 East towards Ste-Anne-de-Beaupré, Ile d'Orléans Exit. At the traffic lights, keep straight. Drive 7 km.

**LA VIEILLE MAISON
FRADET**
1584 chemin Royal
St-Laurent, Île d'Orléans
G0A 3Z0
(418) 828-9501

$ 35, $$ 45-55, ☻ 10
(rc : 1 ch, 1er : 2 ch) (4 sb)

J F M A M J J A S O N D

Dans une vieille maison de plus d'un siècle et demi, je vous réserve un "gros" petit déjeuner accompagné d'une chaude amitié dans une atmosphère d'antan et de détente. 2 chambres avec salle de bain privée. À 25 km de Québec et près du Mont Ste-Anne.

De Québec, aut. 40 est direction Ste-Anne-de-Beaupré, sortie Ile d'Orléans. Aux feux de circulation, aller tout droit. Faire 7 km.

12 ÎLE D'ORLÉANS, ST-LAURENT   F a ⊘ 🐕

On the St. Lawrence River, cute flowered house where hospitality and a family atmosphere are very important. Calm and relaxation are guaranteed, and you will sleep to the sound of the waves and the wind. A copious breakfast will complete your stay at "La Nuitée". Non-smokers only.

From Québec City, Rte 440 East towards Ste-Anne-de-Beaupré, Ile d'Orléans Exit. After the bridge, straight ahead towards St-Laurent, 2 km past the church on the river side.

LA NUITÉE
Réjeanne et Michel Galibois
925 chemin Royal
St-Laurent, Île d'Orléans
G0A 3Z0
(418) 829-3969

$ 45, $$ 50, ☻ 10
(1er : 3 ch) (2 sb)

J F M A M J J A S O N D

Sur le Saint-Laurent, coquette maison fleurie où hospitalité et atmosphère familiale sont à l'honneur. Le calme et le repos vous sont assurés et vous dormirez au gré des vagues et du vent. Un petit déjeuner copieux complète cette escale à la Nuitée. Gîte non-fumeur.

De Québec, rte 440 est, direction Ste-Anne-de-Beaupré, sortie Ile d'Orléans. Après le pont, aller tout droit aux feux de circulation, 2 km passés l'église côté fleuve.

13 ÎLE D'ORLÉANS, ST-LAURENT   F a ♿ ℜ0.5

The St. Lawrence at your feet! Between the rhythm of the waves breaking on the beach and the silent strength of the rising tide, we offer an interlude of peace and rest. Air conditioned. Appetizing breakfast, welcome worthy of our most honoured traditions...

From Québec City, Rte. 440 East towards Ste-Anne-de-Beaupré, Ile d'Orléans Exit. After the bridge, at the traffic lights, go straight for 11 km. House on the right.

GÎTE "EAU VIVE"
Micheline et Michel Turgeon
909 chemin Royal
St-Laurent, Île d'Orléans
G0A 3Z0
(418) 829-3270

$ 45, $$ 50-60, ● 10
(rc : 3 ch) (2 sb)

J F M A M J J A S O N D

Le St-Laurent à vos pieds! Entre la cadence des vagues se brisant sur la plage et la force tranquille de la marée montante, c'est une halte de repos et de paix. Climatisé et confortable. Déjeuner qui flatte le palais; accueil digne de nos plus belles traditions...

De Québec, rte 440 est direction Ste-Anne-de-Beaupré, sortie Ile d'Orléans. Après le pont, aux feux de circulation, aller tout droit et faire 11 km. Maison sur votre droite.

14 ÎLE D'ORLÉANS, ST-PIERRE   F a ℜ0 VS

A bewitched island, full of earthen riches and artistic touches. A two-century-old house, furnished with antiques, where the family table is king. We serve meals in the evening with our own farm products. A special kind of reality. Come experience moments from another time.

From Québec City, Rte. 440 East towards Ste-Anne-de-Beaupré, Ile d'Orléans Exit. After the bridge, at the traffic lights, turn left. Past the St-Pierre church.

LA MAISON SUR LE PENDANT
Gilles et Francine
1463 chemin Royal
St-Pierre, Île d'Orléans
G0A 4E0/(418) 828-1139

$ 45, $$ 55, ● 5-15
(1er : 4 ch) (2 sb)

J F M A M J J A S O N D

Une île dite ensorcelée, pleine de richesses de la terre et de mains d'artistes. Une maison bicentenaire, meublée à l'ancienne, où la table familiale règne. Nous servons le repas du soir avec nos produits de la ferme. Venez vivre des moments d'autrefois.

De Québec, rte 440 est, direction Ste-Anne-de-Beaupré, sortie Ile d'Orléans. Après le pont, aux feux de circulation, à gauche. Passer l'église de St-Pierre.

15 ÎLE D'ORLÉANS, ST-PIERRE   F A 🐾 ℜ2

Large and beautiful ancestral residence, near the oldest church in Québec. Warm and peaceful atmosphere. 150 000 square feet of property. Some farm animals. Magnificent view. Near Québec City and Mont Ste-Anne.

From Québec City, Rte. 138 East, Ile d'Orléans Exit. At the traffic lights, turn left. At the center of the village of St-Pierre, turn left between the two churches.

LE VIEUX PRESBYTÈRE
L. Lapointe et H. L'Heureux
1247 Mgr. D'Esgly
St-Pierre, Île d'Orléans
G0A 4E0
(418)828-9723/(418)828-2189

$ 35-50, $$ 45-67, ● 0-8
(rc : 1 ch, 1er : 4 ch) (3 sb)

J F M A M J J A S O N D

Belle et grande résidence ancestrale, voisine de la plus vieille église du Québec. Atmosphère chaleureuse et paisible. Domaine de 150 000 pi. ca. Quelques animaux de la ferme. Vue magnifique. Près de Québec et du Mont Ste-Anne.

De Québec, rte 138 est, sortie Ile d'Orléans. Aux feux de circulation, tourner à gauche. Au centre du village de St-Pierre, tourner à gauche entre les deux églises.

16 L'ANGE-GARDIEN F A ℜ4.5 VS

15 minutes from Québec City, opposite the Ile d'Orléans. Old world charm and calm country atmosphere are part of our home. Three hundred year-old historic monument with modern comfort in the rooms, living room area, fridge in each, tables and B.B.Q.

From Québec City, Rte. 440 East towards Ste-Anne-de-Beaupré. Past the Montmorency Falls, at the second traffic lights, Rue Casgrain left, Rue Royale right and Rue de la Mairie left.

MAISON LABERGE
France Maës
24 rue de la Mairie
L'Ange-Gardien G0A 2K0
(418) 822-0152

$ 40, $$ 55-70, ✹ 0-10
(1er : 3 ch) (3 sb)

J F M A M J J A S O N D

À 15 minutes de Québec, face à l'Ile d'Orléans. Charme du passé et calme atmosphère champêtre vous attendent chez nous. Monument historique de 300 ans et confort moderne des chambres, coin salon, frigo dans chacune, chaises longues, tables et B.B.Q.

De Québec, Rte. 440 est direction Ste-Anne-de-Beaupré. Après les chutes Montmorency, aux deuxième feux de circulation, rue Casgrain à gauche, rue Royale à droite et rue de la Mairie à gauche.

17 QUÉBEC F A ⊘ ℜ0.5

Five minutes from Old Québec on a tree-lined residential street, we offer a peaceful setting conducive to relaxation. Breakfast is home-made, organically grown, and served to classical music. Tourist information and documentation is available. Non-smokers only.

From Québec City, Pierre Laporte Bridge towards Ste-Anne-de-Beaupré, Hwy. 40 to Exit 315. At the lights, turn left then right onto 1st Ave. Left onto 22nd Rue, right at Benoit XV, left onto 21st Rue.

Odile Côté et David Leslie
324, 21e Rue
Québec G1L 1Y7
(418) 648-8168

$ 40, $$ 50, ✹ 5-15
(1er : 3 ch) (2 sb)

J F M A M J J A S O N D

À 5 minutes du Vieux-Québec, dans un endroit paisible, paré d'arbres, nous vous offrons de bons moments de repos. Déjeuner composé d'aliments de culture organique, accompagné d'une douce musique. Informations touristiques offertes. Gîte non-fumeur.

De Québec, pont Pierre Laporte, direction Ste-Anne-de-Beaupré, aut. 40, sortie 315. À la lumière, à gauche. 1ère Avenue à droite. 22e Rue à gauche. Boul. Benoit XV à droite. 21e Rue à gauche.

18 QUÉBEC F A ⊘ 🐕 🚗 ℜ0.5

Situated close to downtown Québec City, convenient for those tourists who wish to walk to scenic old Québec City. Public transit at the corner takes you to the center of the city in five minutes.

Hwy. 20, Pierre Laporte bridge, downtown Québec, Laurier Blvd. - Québec downtown. 8.1 km of the bridge turn left on Brown Ave. Or Hwy. 40, St-Sacrement South Ave., Ste-Foy Road, turn left, drive 1.5 km to Brown Ave.

B. & B. BEDONDAINE
Sylvie et Gaétan
953 avenue Brown
Québec G1S 2Z6
(418) 681-0783

$ 45, $$ 55, ✹ 15
(2e : 1 ch) (1 sb)

J F M A M J J A S O N D

Situé au centre-ville de Québec, à quelques pas des lieux touristiques pour ceux qui désirent visiter à pied, pour les autres, le transport en commun les mènera à l'intérieur des murs du Vieux-Québec en 5 minutes.

Aut. 20, pont Pierre Laporte, boul. Laurier, direction centre-ville. À 8.1 km du pont, tourner sur ave Brown. Ou aut. 40, ave St-Sacrement sud, à gauche sur ch. Ste-Foy, faire 1.5 km.

19 ST-FERRÉOL-LES-NEIGES   F A ⊘ ℜ1

Holiday spot for all 4 seasons, 2 min. from the Mont Ste-Anne Park and 30 min. from Québec City. Relaxed atmosphere for exchanging ideas. Modern comfort, fireplace, spacious rooms in Swiss and Austrian style, queen or twin beds, sinks. Non-smokers only.

From Québec City towards Ste-Anne-de-Beaupré on Rte. 138. At Beaupré, Rte. 360 towards St-Ferréol-les-Neiges for 7 km past Mont Ste-Anne. We are near the church.

LES AROLLES
Eveline et Louis Hébert
3489 ave. Royale, route 360
St-Ferréol-les-Neiges
G0A 3R0
(418) 826-2136

$ 35-45, $$ 55-65
(1er : 4 ch) (2 sb)

J F M A M J J A S O N D

Relais sport et nature 4 saisons, à 2 min. du Mont Ste-Anne et 30 min. de Québec. Détente, atmosphère de joyeux échanges. Confort des années 90, foyer, chambres spacieuses «aux airs» suisses et autrichiens, lits queen ou jumeaux, lavabo. Gîte non-fumeur.

De Québec, rte 138 est direction Ste-Anne-de-Beaupré. À Beaupré, rte 360 vers St-Ferréol-les-Neiges et faire 7 km après le Mont Ste-Anne. Nous sommes près de l'église.

20 ST-JOACHIM   F a ♿ 🐕 🚗 ℜ7

What could be more welcoming than a warm three-century-old house after a day of skiing, sightseeing, hunting or white goose watching on the nature reserve. On the borders of Québec and Charlevoix. Near Mont-Ste-Anne and the nature reserve.

From Québec City, Rte. 138 East. Past Ste-Anne-de-Beaupré, at the sign for Mont Ste-Anne, follow the 138 East. Rue Prévost (first traffic lights) and left on Royale. 1 km after the stop at St-Joachim.

LA VIEILLE FORGE DU CAP TOURMENTE
L. Gagné et J.-P. Ayotte
26 chemin du Cap Tourmente
St-Joachim G0A 3X0
(418) 827-8207

$ 30-35, $$ 40-60, ● 8-10
(rc : 2 ch, 1er : 3 ch) (4 sb)

J F M A M J J A S O N D

Quoi de plus chaleureux qu'une maison tricentenaire pour vous accueillir après une journée de ski, de visites touristiques, de chasse ou d'observation des grandes oies des neiges. Aux limites de Québec et de Charlevoix. Près du Mont Ste-Anne et de la réserve.

De Québec, rte 138 est. Après Ste-Anne-de-Beaupré, à l'indication Mont Ste-Anne suivre la rte 138 est. Rue Prévost (1er feux de circulation) et à gauche sur Royale. 1 km après l'arrêt à St-Joachim.

21 STONEHAM   F a 🐕 ℜ3

Come visit the neighbouring regions of Stoneham and Tewkesbury. Discover the tranquillity of a riverside property hidden in the heart of a village. With us, the only pleasure greater than your good nights' sleep is satisfying your appetite in the morning. 3 km from the Stoneham ski centre. Summer theatres.

22 km from Québec City. From Québec City, Hwy. 73 North, towards Chicoutimi. In the village of Stoneham, drive 0.7 km past the church.

GÎTE STONEHAM
Claudine Gauthier
875, 1ère Avenue
Stoneham G0A 4P0
(418) 848-4208

$ 30, $$ 45, ● 10
(1er : 2 ch) (1 sb)

J F M A M J J A S O N D

Visitez les cantons-unis de Stoneham et Tewkesbury. Découvrez la tranquillité d'un petit domaine riverain caché au coeur du village. Chez-nous, le confort de votre nuit n'a d'égal que la satisfaction de votre appétit matinal. À 3 km du centre de ski Stoneham. Théâtres d'été.

À 22 km de Québec. De Québec, aut. 73 nord, direction Chicoutimi. Au village de Stoneham, faire 0.7 km de l'église.

22 STE-ANNE-DE-BEAUPRÉ

F a ℜ1 VS MC

Carole and Raymond welcome you to their warm attic located between the mountain and the river, opposite the l'Ile d'Orléans. We serve good country style breakfasts. Skiing, mountain biking at Mt Ste-Anne, walking at Cap Tourmente. Welcome.

From Québec City, Rte. 138 East towards Ste-Anne-de-Beaupré. At the end of Château-Richer, take the street opposite the motel "Roland Hélicon" (Rue Paré). At the end, right on Ave. Royale.

LA MAISON D'ULYSSE
Carole Trottier
9140 Avenue Royale
Ste-Anne-de-Beaupré
G0A 3C0
(418) 827-8224

$ 35-40, $$ 45-60, ☻ 12
(1er : 3 ch) (2 sb)

J F M A M J J A S O N D

Carole et Raymond vous accueillent dans une chaleureuse mansarde sise entre la montagne et le fleuve, face à l'Ile d'Orléans. Bon déjeuner campagnard. Ski, vélo de montagne au Mont Ste-Anne, randonnée pédestre au Cap Tourmente. Bienvenue.

De Québec, rte 138 est vers Ste-Anne-de-Beaupré. À la limite de Château-Richer, prendre la rue en face du motel «Roland Hélicon» (rue Paré). Au bout, avenue Royale à droite.

23 STE-FOY

F A 🚗 ℜ0.5 VS

You will feel at home away from home. While in Québec enjoy the hospitality of a typical French Canadian family. Enjoy a delicious French Canadian breakfast. Nearby attractions.

From Québec City, Pierre Laporte Bridge, take Blvd. Laurier to "Laurier Shopping Center". Turn right on Jean Dequen Street. First house on right on Lapointe street.

LA MAISON LECLERC
Nicole Chabot et
Conrad Leclerc
2613 rue Lapointe
Ste-Foy G1W 3K3
(418)653-8936/(418)657-3595

$ 30, $$ 45, ☻ 5-10
(ss : 1 ch, rc : 2 ch) (2 sb)

J F M A M J J A S O N D

Pour un séjour agréable dans la Vieille Capitale, profitez de l'hospitalité d'une famille québécoise. Dans une atmosphère chaleureuse, vos hôtes vous offrent un copieux petit déjeuner. Située à proximité de nombreux sites touristiques et d'activités.

De Québec, pont Pierre-Laporte, à l'entrée de Québec, boul. Laurier jusqu'au centre d'achat «Place Laurier», à droite à la rue Jean Dequen jusqu'à la rue Lapointe.

24 STE-FOY

F a 🚗 ℜ0.1

Canadian-style house located in a calm residential neighborhood, near services, shopping center, public transport and expressways. 15 min. from Old Québec. Warm atmosphere, comfortable rooms. Welcome.

From Montréal, Hwy. 20 East towards Québec City, Pierre Laporte Bridge. At the first light, turn right on Rue Lavigerie, at the third street, right on Rue de la Seine.

Monique et André
Saint-Aubin
3045 rue de la Seine
Ste-Foy G1W 1H8
(418) 658-0685

$ 35, $$ 45, ☻ 10
(rc : 2 ch, 1er : 1 ch) (3 sb)

J F M A M J J A S O N D

Maison de style canadien située dans un quartier résidentiel, tranquille, près des services, centre d'achat, transport public et voies rapides. À 15 minutes du Vieux Québec. Atmosphère chaleureuse, chambres confortables. Bienvenue chez nous.

De Montréal, aut. 20 est, direction Québec, pont Pierre Laporte, sortie boul. Laurier. À la première lumière, tourner à droite sur la rue Lavigerie et à droite à la 3e rue sur de la Seine.

√ **Prenez soin de poser toutes les questions qui vous permettront d'être adéquatement informé sur les services offerts.**

Je n'ai que des commentaires élogieux sur les gîtes visités. Les petits déjeuners valent plus que ceux pris dans de grands hôtels et la chaleur des maisons nous a rempli le coeur.

Montréal

C'est la meilleure façon de voyager grâce aux rencontres avec les gens et leurs coutumes.
Agent immobilier, France

Gîte magnifique, hospitalité des hôtes imbattable. Très très satisfait...

Sherrington

SAGUENAY
LAC ST-JEAN

* Les numéros sur la carte correspondent à la numérotation des Gîtes de la région.
* *The numbers on the map correspond to the numbers of each establishment within the region.*

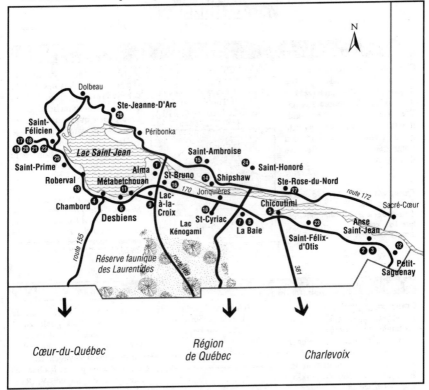

Coeur-du-Québec

Région
de Québec

Charlevoix

An unequaled welcome in an extraordinary region: spectacular fjord, immense lakes, exquisite culinary delights, recreational activities and much, much more await.

Un accueil sans égal dans un cadre extraordinaire: un fjord spectaculaire, un lac immense, des spécialités culinaires exquises et des activités récréatives à n'en plus finir.

1 ALMA

F a ℜ1.2

It will be pleasure to have you, large property ideal for picnics. Bicycle rack. Reading room. Generous breakfast and good cheer await you. Welcome sport fishers.

From Québec City, Rtes. 175 North and 169 towards Hébertville. At the exit of the Parc des Laurentides, towards Alma. House near the 6th Rang. Or from La Tuque, Rte. 155 North, at Chambord, Rte. 169 towards Alma.

Georgette et Roland Dufour
3100 Dupont sud
Alma G8B 5V2
(418) 662-7017

$ 30, $$ 40, ☻ 5-10
(1er : 3 ch) (2 sb)
J F M A M J J A S O N D

Vous recevoir est notre plaisir, grand terrain idéal pour pique-niques. Remise pour vélos. Salle de détente et lecture. Déjeuner copieux et bonne humeur vous attendent. Bienvenue aux pêcheurs.

De Québec, rtes 175 nord et 169 vers Hébertville. À la sortie du Parc des Laurentides, direction Alma. Maison près du 6e rang. Ou de La Tuque, rte 155 nord, à Chambord, rte 169 vers Alma.

2 ANSE-ST-JEAN

F 🚗 ♀ ℜ1 ⚲

Our village is worth the trip. House surrounded by the Saguenay and St-Jean Rivers as well as the Barachois stream. We welcome visitors with pleasure, and will let you taste good Canadian cuisine and home-made bread. We are waiting for you.

From Québec City, Rte. 138 East to St-Siméon. Rte. 170 North towards Anse-St-Jean. At the village church, turn left, cross the covered bridge, drive 1 km, first farm on the right.

FERME DES
3 COURS D'EAU
Odile et Marc Boudreault
34 St-Thomas nord
Anse-St-Jean G0V 1J0
(418) 272-2944

$ 22-25, $$ 35-40, ☻ 12-15
(1er : 3 ch) (2 sb)
J F M A M J J A S O N D

Notre village vaut le déplacement. Maison entourée des rivières Saguenay, St-Jean et du ruisseau Barachois. C'est avec plaisir que nous recevons des visiteurs à qui j'aime faire goûter notre bonne cuisine canadienne et le bon pain maison. Apéro offert. On vous attend.

De Québec, rte 138 est jusqu'à St-Siméon. Rte 170 nord direction Anse-St-Jean. À l'église du village, tourner à gauche, traverser le pont couvert, faire 1 km. 1ère ferme à droite.

3 ANSE-ST-JEAN

F A 🚗 ℜ0.1 VS

Come relive the times of the schooners and their loving captains, recounting tales of their magnificent voyages. Come enjoy the beauties of the Saguenay fjord, walks in the summer and downhill skiing with set price in the winter.

From Québec City, Rte. 138 towards St-Siméon. Rte. 170 towards Anse-St-Jean. Rue St-Jean-Baptiste towards the quay, the "captain's house" is the white house on the right past the church.

MAISON DU CAPITAINE
Rollande et Germain
274 St-Jean Baptiste
Anse-St-Jean G0V 1J0
(418) 272-3491

$ 30, $$ 40, ☻ 10-15
(rc : 1 ch, 1er : 4 ch) (2 sb)
J F M A M J J A S O N D

Venez revivre chez nous le temps des petites goélettes et de ses capitaines amoureux, racontant dans leurs plus belles langues leurs voyages magnifi-ques. Venez goûter les beautés du fjord du Saguenay. Ran-données pédestres, ski alpin avec forfait.

De Québec, rte 138 est vers St-Siméon. Rte 170 direction Anse-St-Jean. Rue St-Jean-Baptiste vers le quai, la «Maison du capitaine» est la maison blanche à droite passé l'église.

4 CHAMBORD

F a ℜ1

Take advantage of a magnificient view over the Lac St-Jean and the calm beach. Listen to the roar of the Val-Jalbert falls only 1 km away, smell the freshly cut hay while resting in hammocks and listening to ghost stories.

From Parc des Laurentides, Rte. 169 to Roberval. Pass through Chambord, continue up to the 824. Or from La Tuque, Rtes. 155 North and 169 on your left.

Martine Fortin et
Serge Bouchard
824 route 169
Chambord G0W 1G0
(418)342-8446/(418)342-8388

$ 35, $$ 45, ☻ 10
(1er : 3 ch) (2 sb)

J F M A M J J A S O N D

Profitez d'une vue saisissante du Lac St-Jean et de la plage tranquille, écoutez gronder les chutes de Val-Jalbert à 1 km, humez l'odeur du foin coupé en vous prélassant dans les hamacs et laissez vous raconter des histoires de fantômes.

Du Parc des Laurentides, rte 169 vers Roberval. Après Chambord, c'est à 5 min. Ou de La Tuque, rtes 155 nord et 169 à gauche.

5 CHICOUTIMI

F ℜ2

In our house, "joie de vivre" and a warm welcome. Chicoutimi, city of flowers, celebrates its 350th anniversary. Close to summer theatres, museums, cruises, golf courses and restaurants. I will be happy to have you.

From Québec City, Rte. 175 North to Chicoutimi. At the first traffic lights (near the shopping centre), turn left on Rue des Saguenéens. right on Rue Bégin. At the first traffic lights, left on Rue des Oblats.

Pierrette Yacola
3 rue des Oblats
Chicoutimi G7J 2A3
(418) 549-0842

$ 30, $$ 40
(rc : 2 ch) (1 sb)

J F M A M J J A S O N D

À la maison Yacola, joie de vivre et accueil chaleureux. Chicoutimi, ville fleurie, fête son 150e anniversaire. Tout près des théâtres d'été, musées, croisières, golf et restaurants. Je vous attends avec plaisir.

De Québec, rte 175 nord jusqu'à Chicoutimi. Aux premiers feux de circulation, (près des centres d'achats), tourner à gauche sur rue des Saguenéens. Rue Bégin à droite. Aux premiers feux de circulation, tourner à gauche rue des Oblats.

6 DESBIENS

F a 🚐 ℜ4

Rest in a garden: picnic table, swing, pool. 10 minutes from the most beautiful fine sand beach on Lac St-Jean. 15 minutes from the "trou de la fée". Stroll in the fields, in the woods, or in the village. Good breakfasts. We are waiting for you.

From La Tuque, Rte. 155 North to Chambord. Turn right on Rte. 169, drive 6 km. Or from the Parc des Laurentides, Rte. 169 towards Roberval.

GÎTE DU BOULEAU
BLANC
Monique et Samuel Deschênes
362, 13e avenue
Desbiens G0W 1N0
(418) 346-5274

$ 28, $$ 38, ☻ 15
(1er : 3 ch) (2 sb)

J F M A M J J A S O N D

Repos au jardin: table à pique-nique, balançoire, piscine. À 10 minutes de la plus belle plage de sable fin du Lac St-Jean. À 15 minutes du «trou de la fée». Promenade dans les champs ou les bois, dans le village. Bon petit déjeuner. Nous vous attendons.

De La Tuque, rte 155 nord jusqu'à Chambord. Tourner à droite à la rte 169, faire 6 km. Ou du Parc des Laurentides, rte 169 direction Roberval.

7 LA BAIE

F a ♿ 🚗 ℜ2

2 km West of Ville-de-la-Baie and 8 km East of Chicoutimi. You are welcome in our ancestral home. You will enjoy staying with us. We will serve you breakfast with fresh farm products. We speak English. Hablamos español.

From Parc des Laurentides, Rtes. 175 North and 170 East towards Ville-de-la-Baie until Parc Mars. Follow the Bay for 2 km.

LA MAISON DES ANCÊTRES
Judith et Hugues Simard
270 chemin St-Joseph
Ville-de-la-Baie G7B 3N9
(418)544-0343/(418)544-2925

$ 30-35, $$ 40-45, ☺ 10-15
(rc : 2 ch, 1er : 3 ch) (2 sb)

J F M A M J J A S O N D

À 2 km de Ville-de-la-Baie. À 8 km de Chicoutimi. Nous serons heureux de vous accueillir dans notre maison ancestrale. Petit déjeuner copieux, produits frais de la ferme et fromage frais du jour. Nous parlons espagnol.

Du Parc des Laurentides, rtes 175 nord et 170 est vers Ville-de-la-Baie, jusqu'au Parc Mars. Suivre la Baie sur 2 km.

8 LA BAIE

F 🚗 ℜ3

I have been told I am a real "Saguenayenne", with colourful language and easy conversation. I will welcome you in my large farmhouse, in the heart of the Saguenay, ready to show you all the activities our region has to offer year round.

From Québec City, Rtes. 175 North, then 170 East to the Chemin des Chutes on the right. Follow the signs for "Bec Scie". The first farm on the right, with a red roof.

Marguerite Tremblay
"Simard"
530 chemin des Chutes
Ville-de-la-Baie G7B 3N8
(418) 544-1074

$ 25, $$ 38, ☺ 5-8
(rc : 1 ch, 1er : 3 ch) (3 sb)

J F M A M J J A S O N D

On dit que je suis une vraie «Saguenayenne», que j'ai le langage imagé et la parole facile. Je vous attends dans ma grande maison de ferme, au coeur du Saguenay et de toutes les activités qu'offrent notre région en toute saison.

De Québec, rtes 175 nord et 170 est jusqu'au chemin des Chutes à droite. Suivre indication «Bec Scie». 1ère ferme à droite, toit rouge.

9 LAC-À-LA-CROIX

F a 🚗 ℜ8 🧍

Century-old farmhouse where we like to keep up traditions. Well located for visiting the region. Lunches to go, upon request. Cross-country skiing on the farm, and calm near the mountain.

From the Parc des Laurentides, Rte. 169, first Rang on the left before the village of Hébertville. Drive 11 km.

Céline et Georges Martin
1311 Rang 3
Lac-à-la-Croix G0W 1W0
(418) 349-2583

$ 28, $$ 40, ☺ 12
(rc : 1 ch, 1er : 2 ch) (2 sb)

J F M A M J J A S O N D

Maison de ferme centenaire où l'on aime perpétuer les coutumes: verre de l'amitié, repas maison, vaches en pyjama à l'automne. Bien centré pour visiter la région. Lunch pour emporter. Ski de fond sur la ferme et près de la montagne.

Du Parc des Laurentides, rte 169, 1er rang à gauche avant le village d'Hébertville. Faire 11 km.

10 LAC-KÉNOGAMI, ST-CYRIAC   F A ℛ8

Welcome to those who appreciate a generous breakfast on the veranda, followed by a canoe trip on the lake. Swimming, cycling, sunbathing: the perfect spot for a rest stop by the lake. Warm hospitality for those who like to chat about history, politics, Québec...

Get to Jonquière via Blvd. du Royaume, Rte. 170. Drive down the Rue St-Dominique South 10 to 12 km. At the "Ultramar" garage, take the fork to the right. Drive 3.5 km to the house on the left.

LA MAISON DU
LAC-KÉNOGAMI
Monique Jean
3959 ch. de l'Église
Lac-Kénogami G7X 7V6
(418)547-8036/(418)543-4710

$ 27-30, $$ 36-40, ☻ 10-15
(1er : 2 ch) (2 sb)

J F M A M J J A S O N D

Bienvenue à ceux qui savourent le plaisir d'un copieux déjeuner sous la véranda suivi d'une randonnée en canot sur le lac. Baignade, bicyclettes, bain de soleil: idéal pour une halte repos au bord de l'eau. Chaleureuse hospitalité pour ceux qui aiment «jaser» d'histoire, de politique, du Québec.

Rendez vous à Jonquière via le boul. du Royaume, rte 170. Descendre rue St-Dominique sud, faire 10 à 12 km. Au garage «Ultramar», prendre la fourche à droite. Faire 3.5 km, maison à gauche.

11 METABETCHOUAN   F a 🚐 ℛ0.5

View and access to the lake, fishing trip in a boat with Jean-Charles when the weather's good. Soothing décor, flowers, pergola, small game hunting in season, wild fruit, summer theatre, golf. Snack in the evening, fisherman's breakfast.

From the Parc des Laurentides, Rte. 169 towards Roberval. At Metabetchouan, first exit, keep turning right from now on.

Berthe et Jean-Charles Fortin
31, 2e rue Foyer du Lac
Metabetchouan G0W 2A0
(418) 349-2138

$ 35, $$ 40, ☻ 8-10
(rc : 1 ch, 1er : 2 ch) (2 sb)

J F M A M J J A S O N D

Vue et accès au lac, tour de pêche en chaloupe avec Jean-Charles par beau temps. Décor paisible, fleurs, pergola, chasse au petit gibier en saison, fruits sauvages, théâtres d'été, golf. Goûter en soirée, déjeuner du pêcheur.

Du Parc des Laurentides, rte 169 direction Roberval. À Metabetchouan, 1ère sortie, prendre toujours les rues à droite.

12 PETIT-SAGUENAY   F ℛ1.5

Come see the flowered village! I am a "saguenoise", and I will give you a welcome appropriate to our friendly region. In a relaxing place, sleep the whole night through, and appreciate a good breakfast. Nature lovers will be impressed with our mountains.

From Québec City, Rte. 138 East to St-Siméon. Rte. 170 North, towards Petit-Saguenay. Drive along the river, cross the bridge, take Rue du Tremblay and Rue du Quai.

LA MAISON DES VIGNES
Laure-Alice Tremblay
25 du Quai, route 170
Petit Saguenay G0V 1N0
(418) 272-2543

$ 25, $$ 40, ☻ 10-15
(1er : 3 ch) (2 sb)

J F M A M J J A S O N D

Venez voir le village fleuri! Je suis une «saguenoise», chez moi vous serez accueillis chaleureusement dans un endroit reposant, pour dormir vos nuits entières et profiter d'un bon déjeuner. Les amants de la nature seront comblés par nos montagnes.

De Québec, rte 138 est jusqu'à St-Siméon. Rte 170 nord direction Petit-Saguenay. Longer la rivière, traverser le pont, prendre rue du Tremblay et rue du Quai.

13 ROBERVAL   F ℜ7

Come relax by the splendid Lac St-Jean, this inland sea. Take advantage of a well-deserved quiet moment and stretch out on our private beach near the house. It gives us great pleasure to have you as our guests.

From the Parc des Laurentides, Rte. 169. We are 5 km from the Val Jalbert bridge. Or from La Tuque, Rte. 155 to Chambord. Turn left to Roberval.

Yolande et Raynald Girard
1345 boul. de l'Anse, rte 169
Roberval G8H 2N1
(418) 275-3290

$ 30, $$ 40, ☻ 10
(1er : 2 ch) (1 sb)

J F M A M J J A S O N D

Venez vous reposer devant le splendide Lac St-Jean, cette mer intérieure. Profiter d'un moment de détente bien mérité et faites une halte en vous prélassant sur notre plage privée à proximité de la demeure. C'est une immense joie de vous accueillir.

Du Parc des Laurentides, rte 169. C'est à 5 km du pont de Val Jalbert. Ou de La Tuque, rte 155 jusqu'à Chambord. Tourner à gauche vers Roberval.

14 SHIPSHAW   F ℜ6

20 km from Chicoutimi, house on large wooded property with walking trails. Near the historic site of St-Jean Vianney. Healthy pancakes for breakfast, possibility of picnics. Crib available.

From Québec City, Rte 175 North to Chicoutimi. Dubuc Bridge and Rte 172 West.

Reine Gravel
4080 Route Régionale 172
Shipshaw G0V 1V0
(418) 542-7926

$25, $$40, ☻ 5-12
(ss : 2 ch, rc : 1 ch) (2 sb)

J F M A M J J A S O N D

À 20 km de Chicoutimi, maison sur très grand terrain boisé avec sentiers. Près du site historique de St-Jean-Vianney. Déjeuner avec galettes santé, possibilité de pique-nique. Lit de bébé disponible.

De Québec, rte 175 nord jusqu'à Chicoutimi. Pont Dubuc et rte 172 ouest.

15 ST-AMBROISE   F a ℜ0.5

In the heart of the village, we would like to invite you to make yourself at home in our home. The house is big and friendly enough to warm your heart and our meals will fill your stomach. The cook's breakfasts are generous with a touch of Brittany.

From Québec city, Rte. 175 North to Chicoutimi. Take Pont Dubuc and Rte. 172 West to St-Ambroise.

Marcelle Bergeron et
Daniel Legall
25 Pedneault, rte 172 Ouest
St-Ambroise G0V 1R0
(418) 672-4136

$ 28, $$ 45, ☻ 9
(1er : 3 ch) (2 sb)

J F M A M J J A S O N D

Au coeur du village, nous avons le goût de vous recevoir et que vous soyez aussi à l'aise que chez vous. La maison est grande, vous y aurez le coeur au chaud et l'estomac gâté. Les déjeuners du cuisinier sont copieux et savoureux avec une touche bretonne.

De Québec, rte 175 nord jusqu'à Chicoutimi. Pont Dubuc et rte 172 ouest jusqu'à St-Ambroise.

16 ST-BRUNO

F a 🐕 🚐 ℜ2

Come experience our warm friendship. Retired couple eager to answer any questions our guests might have. Welcoming house and rooms in an "arts and crafts" decor. Large courtyard with picnic tables, swing, flowers, garden, fruit trees.

From Parc des Laurentides, Rte. 175 North, Rte 169 towards Hébertville. At the exit to the park, towards Alma. At the intersection of Rtes 170/169 stay on the 169, and drive 2 km. Second house on the right.

LA MAISON CHALEUREUSE
Lucille et Bruno Tremblay
991 Route 169
St-Bruno G0W 2L0
(418)668-7625/(418)668-8182

$ 30, $$ 40
(rc : 3 ch) (2 sb)

J F M A M J J A S O N D

Venez goûter notre chaude amitié. Retraités très disponibles pour informer nos visiteurs. Maison et chambres accueillantes dans un décor artisanal. Grande cour aménagée de tables de pique-niques, balançoire, fleurs, jardin, arbres fruitiers.

Du parc des Laurentides, rte 175 nord, rte 169 vers Hébertville. À la sortie du parc, direction Alma. À l'intersection des rtes 170/169, demeurer sur la rte 169 et faire 2 km. Deuxième maison à gauche.

17 ST-FÉLICIEN

F ℜ4

Rediscover the tranquility of an old farmhouse. Large living room with balconies off the rooms, private entrance, beautiful area for relaxing outdoors. A large variety of activities in the region. We will give you a warm welcome.

From the Parc des Laurentides, Rte. 169 towards Roberval. At St-Félicien, left on Rue Notre-Dame.

FERME DALLAIRE
Gisèle et Fernand Dallaire
678 rang Double sud
St-Félicien G8K 2N8
(418) 679-0728

$ 30, $$ 35-40, ☻ 7-10
(1er : 3 ch) (2 sb)

J F M A M J J A S O N D

Retrouvez la tranquillité dans une ancienne maison de ferme. Grand salon et balcon adjacants aux chambres, sortie privée, beau coin de détente à l'extérieur. Une foule d'activités aux alentours. Un accueil chaleureux vous est réservé.

Du Parc des Laurentides, rte 169 vers Roberval. À St-Félicien, rue Notre-Dame à gauche.

18 ST-FÉLICIEN

F a ♿ 🐕 ℜ0.5

On the riverside, there is a place where the living is easy - our place. As well as spacious rooms with sinks, a kitchen and living room are at your disposal. Warm welcome, healthy breakfast. Relax around the piano.

From the Parc des Laurentides Rte. 169 towards Roberval. At St-Félicien, after the second traffic light, cross the bridge and turn right immediately on Bellevue Sud.

AU BORD DE LA RIVIÈRE
Gisèle Girard et
Gilbert Gagnon
1191 Bellevue Sud
St-Félicien G8K 1G5
(418) 679-4472

$ 35, $$ 50, ☻ 5-10
(ss : 2 ch) (1 sb)

J F M A M J J A S O N D

Au bord de la rivière, il y a un endroit où il fait bon vivre, c'est chez-nous. En plus de chambres spacieuses avec lavabo, cuisine et vivoir sont à votre disposition. Accueil chaleureux, déjeuner santé. Détente autour du piano.

Du parc des Laurentides, rte 169 vers Roberval. À St-Félicien, après le 2e feux de circulation, traverser le pont et tourner immédiatement à droite sur Bellevue Sud.

19 ST-FÉLICIEN   F a 🚗ℜ2

If you like the charm of the country and the relaxation that goes with it, you will love your vacation with us. Farm with easy access 3 km from the city and 6 km from the zoo. We like to exchange experiences with other people.

FERME HÉBERT
Céline et Jean-Jacques Hébert
1070 rang Double
St-Félicien G8K 2N8
(418) 679-0574

Si vous aimez le charme de la campagne et la détente qu'elle procure, vous profiterez pleinement de vos vacances. Ferme facile d'accès à 3 km de la ville et à 6 km du zoo. Nous aimons bien partager avec les gens nos expériences et les leurs.

From the Parc des Laurentides, Rte. 169 towards Roberval to St-Félicien. At the first traffic lights, turn left on Rue Notre-Dame, drive 2.6 km. Right on Rang Double, drive 0.7 km.

$ 30, $$ 35-40, ☻ 7
(ss : 2 ch, rc : 1 ch) (2 sb)

J F M A M J J A S O N D

Du Parc des Laurentides, rte 169 vers Roberval jusqu'à St-Félicien. Aux feux de circulation, à gauche sur Rue Notre-Dame. Faire 2.6 km, rang Double à droite, faire 0.7 km.

20 ST-FÉLICIEN   F 🐕🚚ℜ0.7

We live on the other side of the river in a residential neighborhood, a calm and relaxing place. It would be a pleasure to have you in our home located 6 km from the zoo at St-Félicien. Summer theatre, waterslides.

CHEZ MADO
Madeleine et Normand
Leclerc
1305 Crémazie
St-Félicien G8K 1P1
(418) 679-4402

Nous habitons de l'autre côté de la rivière dans un quartier résidentiel, c'est un endroit tranquille et reposant. Il nous fera plaisir de vous accueillir dans notre demeure située à 6 km du zoo de St-Félicien. Théâtre d'été, glissades d'eau.

From the Parc des Laurentides, Rte. 169 towards Roberval. At St-Félicien, right after the second traffic lights after the bridge, at the "Belzile" station, right Blvd. Laflamme. Turn on the Rue Charlebois and Crémazie.

$ 30, $$ 40, ☻ 5-8
(ss : 2 ch) (2 sb)

J F M A M J J A S O N D

Du Parc des Laurentides, rte 169 vers Roberval. À St-Félicien, à droite après le 2e feux de circulation, après le pont à la station «Belzile», à droite boul. Laflamme. Tourner à la rue Charlebois et Crémazie.

21 ST-FÉLICIEN   F ℜ2

With my easy smile and the simplicity of the people of the Lac St-Jean region, I've got a warm welcome ready for you. I will be pleased to meet you and exchange points of view. Nearby: zoological gardens, waterslides, cheese factory, horseback riding, museum...

Lucienne Tremblay
677 Rang Double
St-Félicien G8K 2N8
(418) 679-0169

Avec mon sourire facile et la simplicité des gens du Lac St-Jean, je vous réserve un accueil des plus chaleureux. Au plaisir de vous rencontrer et d'échanger sur nos modes de vie. Près: jardin zoologique, glissades d'eau, fromagerie, centre équestre, musée...

From the Parc des Laurentides, Rte. 169 towards Roberval to St-Félicien. At the first traffic lights, Rue Notre-Dame left, drive 1 km.

$ 30, $$ 40, ☻ 5-15
(1er : 2 ch) (2 sb)

J F M A M J J A S O N D

Du parc des Laurentides, rte 169 vers Roberval jusqu'à St-Félicien. Aux premiers feux de ciculation, rue Notre-Dame à gauche, faire 1 km.

22 ST-FÉLICIEN

F a 🚗 ℜ0.1

Located downtown, near a bus station, and an information centre. A warm welcome awaits you from a retired couple. Breakfast served with home-made bread and jellies. You will learn much about our culture. With pleasure.

From the Parc des Laurentides, Rte. 169 towards Roberval. At St-Félicien, at the first traffic lights, left on Notre-Dame. Or from Dolbeau, at the first traffic lights, left on Sacré-Coeur and at the second traffic lights, right on Notre-Dame.

AU GRAND JARDIN FLEURI
T. et J.-M. Tremblay
1179 Notre-Dame
St-Félicien G8K 1Z7
(418) 679-0287

$ 30, $$ 40, ● 5-10
(1er : 3 ch) (2 sb)

J F M A M J J A S O N D

Situé au centre-ville et à proximité du terminus d'autobus et du kiosque d'information. Un accueil chaleureux vous attend de la part d'un couple à la retraite. Déjeuner servi avec pain de ménage et gelées maison. Au plaisir.

Du Parc des Laurentides, rte 169 vers Roberval. À St-Félicien, aux 1er feux de circulation, à gauche sur Notre-Dame. Ou de Dolbeau, aux 1er feux de circulation, à gauche sur Sacré-Coeur et aux 2e feux de circulation, à droite sur Notre-Dame.

23 ST-FÉLIX-D'OTIS

F ℜ0.3

Near the Rivière Eternité, Lac Otis and the Zec Brébeuf. Beaches, swimming, canoeing and windsurfing are available activities. 20 km from Ville-de-la-Baie and from its fabulous history of a realm. Setting for the film, "Black Robe". 10 km from ice fishing and 20 km from the Mont-Edouard ski centre.

From the Parc des Laurentides, Rtes. 175 North then 170 East to St-Félix-d'Otis. Or from St-Siméon, Rte. 170 North towards Chicoutimi.

Dorina Joncas
291 rue Principale, route 170
St-Félix-d'Otis G0V 1M0
(418) 544-5953

$ 23-25, $$ 25-35, ● 10-15
(1er : 2 ch) (1 sb)

J F M A M J J A S O N D

À proximité de Rivière Éternité, du Lac Otis et de la Zec Brébeuf. Plages, baignade, canot et planche à voile. À 20 km de Ville-de-la-Baie et de sa fabuleuse histoire d'un Royaume et des décors du film «La Robe Noire». À 10 km de la pêche blanche et 20 km du centre de ski Mont-Edouard.

Du Parc des Laurentides, rtes 175 nord et 170 est jusqu'à St-Félix-d'Otis. Ou de St-Siméon, rte 170 nord direction Chicoutimi.

24 ST-HONORÉ

F a 🐕 🚗 ℜ1

This is an invitation to a rest in an intimate atmosphere, the simple pleasure of opening the window and your eyes on generous Mother Nature, to fully savour the calm by the fireside, and breathe the perfume of the seasons and our delicious breakfasts.

From Québec City, Rte. 175 North towards Chicoutimi. Cross the Dubuc Bridge, Rte. 172 West to the sign for St-Honoré (3 km). At St-Honoré, left in front of the church, drive 0.8 km.

AU COMPTE-MOUTONS
Louise Massé
1141 rue Hôtel-de-ville
St-Honoré G0V 1L0
(418) 673-7400

$ 30, $$ 42, ● 10
(1er : 3 ch) (1 sb)

J F M A M J J A S O N D

C'est une invitation au repos dans des atmosphères intimistes, au plaisir d'ouvrir la fenêtre et les yeux sur une nature généreuse, à goûter pleinement le calme au coin du feu, à humer les parfums des saisons et des petits déjeuners.

De Québec, rte 175 nord vers Chicoutimi. Traverser le pont Dubuc, rte 172 ouest jusqu'au panneau indicateur St-Honoré (3 km). À St-Honoré, à gauche devant l'Église et faire 0.8 km.

25 ST-PRIME

F ℜ1

Residential district, tranquil and relaxing area, very comfortable rooms. 18 km from the zoo and the waterslides. Pointe-Bleue Indian Reserve 9 km away. Large breakfast, local cheese. We will be happy to meet you.

From the Parc des Laurentides, Rte. 169 towards Roberval. At St-Prime, take 8th Avenue to the right. Drive 125 meters. At the 8th Street, turn right. First house on the right.

Jacqueline et Ghyslain Boulianne
501, 8e rue
St-Prime G0W 2W0
(418) 251-2285

$ 30, $$ 40, ☻ 15
(ss : 3 ch) (2 sb)

J F M A M J J A S O N D

Quartier résidentiel, endroit tranquille et reposant, chambres de très bon confort. À 18 km du zoo et des glissa-des d'eau. Réserve indienne de Pointe-Bleue à 9 km. Petit déjeuner copieux, fromage local. Au plaisir de vous recevoir.

Du Parc des Laurentides, rte 169 vers Roberval. À St-Prime, prendre la 8e avenue à votre droite. Faire 125 mètres. À la 8e Rue, tourner à droite. Première maison à votre droite.

26 STE-JEANNE-D'ARC

F ℜ6

Come share the calm of the back country on a little farm. Old fashioned house and furniture with modern comfort. Copious breakfasts with home-made jellies and jams. Bicycle path nearby.

From the Parc des Laurentides, Rte.169 towards Roberval, in the Ste-Jeanne-d'Arc direction. In front of the church, turn right, past the bridge, turn right on "rang Carte Blanche", drive 3 km. Left on "rang 7", drive 3 km.

Denise Bouchard
et Bertrand Harvey
230 Rang 7 d'Almas
Ste-Jeanne-d'Arc G0W 1E0
(418) 276-2810

$ 25, $$ 35, ☻ 10
(1er : 3 ch) (2 sb)

J F M A M J J A S O N D

Venez partager avec nous le calme de l'arrière pays sur une petite ferme. Maison et meubles anciens avec le confort moderne. Petits déjeuners copieux avec gelées et confitures maison. Route des cyclistes à proximité.

Du Parc des Laurentides, rte 169 vers Roberval, direction Ste-Jeanne-d'Arc. En face de l'église, tourner à droite, passer le pont, tourner à droite sur le rang Chute Blanche, faire 3 km. À gauche sur le Rang 7, faire 3 km.

27 STE-ROSE-DU-NORD

F a ℜ3

Our nest by the fjord is a natural haven. The tranquillity is conducive to inspiration and contemplation, with the rich splendour of the countryside. Ste-Rose will leave all nature lovers with an unforgettable memory and a desire to come back, all year round.

From Québec City, Rte. 175 North towards Chicoutimi. From Chicoutimi. Rte. 172 East towards Ste-Rose-du-Nord. Or from Tadoussac, take Rte. 138 East and drive 7 km to Rte. 172, 67 km on the 172 West.

UN NID SUR LE FJORD
Gabrielle de Launière
640 boul. Tadoussac
Route 172
Ste-Rose-du-Nord G0V 1T0
(418) 675-2589

$ 30, $$ 50, ☻ 10
(1er : 4 ch) (2 sb)

J F M A M J J A S O N D

Un nid sur le Fjord, c'est un relais au naturel. Calme propice à l'inspiration et à la contemplation, riche en paysage d'une grande splendeur, Ste-Rose laisse à tous les amants de la nature un souvenir inoubliable et le goût d'y revenir, en toute saison.

De Québec, rte 175 nord vers Chicoutimi. De Chicoutimi, rte 172 est vers Ste-Rose-du-Nord. Ou de Tadoussac, prendre la route 138 est et faire 7 km jusqu'à la rte 172, 67 km sur 172 ouest.

De passage, sans prévenir pour un soir, nous fûmes si bien accueillis que nous décidâmes de rester une soirée de plus à "placoter" avec notre hôte et surtout un matin de plus à déguster ses galettes fleurs de capucine et autres belles surprises...

France

Les vacances à la ferme sont à recommander sans hésitation à tous nos amis surtout s'ils ont des enfants.

Montréal

Accueil très chaleureux et plein d'attentions de la part des hôtes. Notre séjour en maison de campagne sur une ferme fut très appécié par toute la famille.

Montréal

Ce séjour à la ferme nous a permis un repos bienfaisant, une atmosphère sympathique et de nombreuses activités de plein air.

Ergothérapeute, Montréal

Un souvenir tout à fait extraordinaire des deux soirées passées dans ce gîte. La cordialité et la chaleur québécoise dans ses plus hauts sommets.

France

Passez des vacances différentes dans les belles campagnes du Québec en réservant un chalet ou une maison de ferme tout équipés. La location peut se faire pour un week-end, une semaine ou pour un plus long séjour. Les «Maisons de Campagne», c'est une habitude à prendre en couple, en famille ou tout simplement avec un groupe d'amis.

Spend your vacation differently in the Quebec countryside - reserve a fully equipped cabin or farmhouse. The establishments can be rented for a weekend, a week, or for a longer period. Go as a couple, a family, or just a group of friends - Country Houses are a wonderful habit to get into!

COMMENT UTILISER CE GUIDE
HOW TO USE THIS GUIDE

Les Maisons de Campagne sont présentées de la même façon que les Gîtes du Passant. Vous référer à la p IX pour la signification des divers symboles. À cette présentation s'ajoute cependant un tableau des tarifs et caractéristiques dont voici un exemple:

The Country Houses are presented the same way as the Gîtes du Passant (Bed & Breakfasts). Refer to p IX for the meaning of each symbol. In addition to the description, the entry includes a chart of rates and facilities available, as follows:

#	CH	PERS	F	P	$SEM-ÉTÉ	$SEM-HIVER	$WE-ÉTÉ	$WE-HIVER
1	2	6	X	—	250	—	SUR DEM.	—
2	3	8	—	—	250	—	SUR DEM.	—
3	2	6	—	—	250	—	SUR DEM.	—

#	Nbre Maisons de Campagne disponibles *Number of Country Houses available*	**$SEM-ÉTÉ**	Tarif par semaine en été *Rate per week (summer)*
CH	Nombre de chambres disponibles *Number of rooms available*	**$SEM-Hiver**	Tarif par semaine en hiver *Rate per week (winter)*
PERS	Capacité d'accueil *Guest capacity*	**$WE-Été**	Tarif week-end en été *Rate weekend (summer)*
F	Foyer *Fireplace*	**$WE-Hiver**	Tarif week-end en hiver *Rate weekend (winter)*
P	Poêle à bois *Wood burning stove*		

CARTE DES MAISONS DE CAMPAGNE
COUNTRY HOUSES MAP

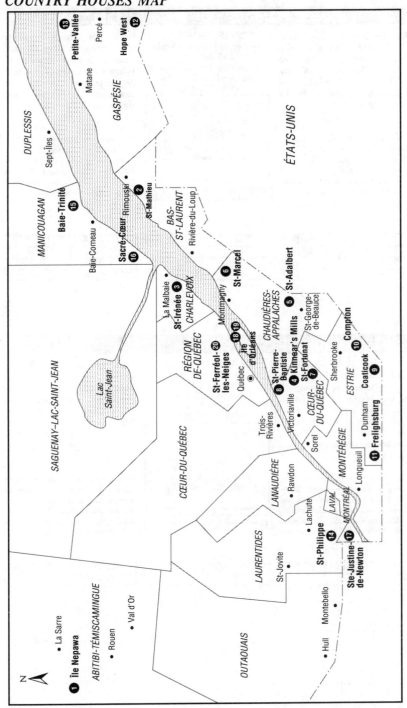

1 ABITIBI-TÉMISCAMINGUE   F A 🚚 M15 ℜ30

We offer 3 comfortable cabins by the lake. Two are Swiss style and the other has two floors. This part of the province is wild and fascinating, magnetic in its vibrant charm.

From Rouyn, Rte. 101 towards La Sarre. About 3 km past La Sarre, follow the signs for Ste-Hélène and then for the island (gravel road). It is the first house on the right after the bridge to the island.

FERME VACANCES
Hélène et Hermann Wille
695 R.R. #1
Ste-Hélène-de-Mancebourg
Ile Nepawa J0Z 2T0
(819) 333-6103

J F M A M J J A S O N D

Nous vous offrons 3 chalets confortables au bord du lac. Deux sont de style suisse et l'autre est à un étage. Le coin de pays est sauvage et attachant, il invite tout simplement à l'extase.

De Rouyn, rte 101 vers La Sarre. Environ 3 km après La Sarre, suivre les indications pour Ste-Hélène et ensuite pour l'île (route gravelée). C'est la 1ère maison à droite après le pont de l'île.

#	CH	PERS	F	P	$SEM-ÉTÉ	$SEM-HIVER	$WE-ÉTÉ	$WE-HIVER
1	2	6	X	—	250	---	SUR DEM.	---
2	3	8	—	—	250	---	SUR DEM.	---
3	2	6	—	—	250	---	SUR DEM.	---

2 BAS ST-LAURENT   F A M7 ℜ12

In the calm of an agricultural road, make yourself at home in a large "maison de campagne". In the middle of the fields, overlooking the river and the mountains of the region, superb sunsets. We have: a wild lake, a rowboat, swimming, walks, bicycling.

From Québec City, Hwy. 20 East, Rte. 132 East to St-Simon. At the end of the village, turn right and drive approximately 8 km towards St-Mathieu. Cross the village going East. At the end of the village, turn right and drive 8 km.

LA PASTOURELLE
G. Labelle et P. Hénault
305 rang 5 est
St-Mathieu, Rimouski
G0L 3T0
(418) 738-2576

J F M A M J J A S O N D

Dans la tranquillité d'un rang agricole, soyez chez vous dans une grande maison de campagne. Au milieu des champs, dominant le fleuve et les montagnes, superbes couchers de soleil. Sur place: lac sauvage, chaloupe, baignade, randonnée, vélo.

De Québec, aut. 20 est, rte 132 est jusqu'à St-Simon. À la sortie du village, tourner à droite et faire 8 km vers St-Mathieu. Traverser le village vers l'est. À la sortie du village, tourner à droite et faire 8 km.

#	CH	PERS	F	P	$SEM-ÉTÉ	$SEM-HIVER	$WE-ÉTÉ	$WE-HIVER
1	6	11	—	X	375	410	160	175

3 CHARLEVOIX   F A M2 ℜ2

Two charming cottages, each 20 m², at the edge of the forest and 30 m from the house. Bedroom with double bed, washroom, shower, hot water, wood and electric heating, housekeeping facilities with refrigerator and stove. Village and St-Lawrence River 2 km away.

From Québec City, Rte. 138 East to Baie St-Paul. Rte. 362 to St-Irénée. 1 km past the church, turn left. Or from La Malbaie, Rte. 362 West, drive approximately 13 km. It is 4 km after the golf course.

VILLA GRANDE VUE
Irène Desroches
et Gilles Girard
360 chemin St-Antoine
St-Irénée G0T 1V0
(418) 452-3209

J F M A M J J A S O N D

Deux coquets chalets à l'orée de la forêt et à 30 mètres de la maison familiale. Superficie de plancher 20 m², chambre avec lit double, literie, toilette, douche, eau chaude, chauffage, électricité, réfrigérateur, cuisinière. Fleuve et village à 2 km.

De Québec, rte 138 est jusqu'à Baie St-Paul. Rte 362 jusqu'à St-Irénée. 1 km passé l'église, à gauche. Ou de La Malbaie, rte 362 ouest, faire environ 13 km. C'est à 4 km après le golf.

#	CH	PERS	F	P	$SEM-ÉTÉ	$SEM-HIVER	$WE-ÉTÉ	$WE-HIVER
1	1	2	—	—	200	—	120	—
2	1	2	—	X	230	—	130	—

4 CHAUDIÈRE-APPALACHES   F A M10 ℜ10

Century-old house, comfortable, close to a dairy farm, bordered by a forest and with a view of distant hills. Relaxing site, easy walking in the fresh air. Near the Kinnear's Mills historic site and the Thetford Mines region.

From Québec City or Montréal, Hwy. 20, Exit 305. At St-Étienne, Rte. 116 West, then Rte. 269 South to St-Jacques-de-Leeds. Take Rte. 271 South, drive about 5 km, "rang 13" is the 3rd road on the right.

FERME CHAMPVENT
Rachel Yersin
5050 Rang 13
Kinnear's Mills G0N 1K0
(418) 424-3360

J F M A M J J A S O N D

Maison centenaire, confortable, à proximité d'une ferme laitière, en bordure d'une forêt avec vue sur les collines. Site invitant au repos et aux balades en plein air. Près du site historique de Kinnears's Mills et de la région de Thetford Mines.

De Québec ou Montréal, aut. 20, sortie 305. À St-Étienne, rte 116 ouest, puis rte 269 sud jusqu'à St-Jacques-de-Leeds. Prendre rte 271 sud, faire environ 5 km, le rang 13 est le 3e chemin à droite.

#	CH	PERS	F	P	$SEM-ÉTÉ	$SEM-HIVER	$WE-ÉTÉ	$WE-HIVER
1	4	8	—	—	250	275	90	100

5 CHAUDIERE-APPALACHES

F a M10 R25

A world to discover in a corner of the country where the rhythm is slower. Horses, angora goats, other animals are here for everyone's enjoyment. Workshop for transformation of mohair and other activities. We and our 6 children welcome you.

From Québec City, Hwy. 20 East, Exit 400 towards St-Eugène. Rte. 285 South towards St-Marcel. 8 km from the village of St-Marcel, turn right at the sign "Rang 3 Rang 4" and drive 2 km.

FERME JOUVENCE
Nicole et Raymond Raby
36 rang 4
St-Adalbert G0R 2M0
(418) 356-5060

J F M A M J J A S O N D

Un monde à découvrir dans un coin de campagne où le rythme de vie bat moins vite. Chevaux, chèvres angoras, autres animaux feront la joie de tous. Transformation du mohair et ateliers variés. Nous serons très heureux avec nos six enfants de vous recevoir.

De Québec, aut. 20 est, sortie 400 direction St-Eugène. Rte 285 sud vers St-Marcel. À 8 km du village de St-Marcel, tourner à droite à l'indication «rang 3 rang 4» et faire 2 km.

#	CH	PERS	F	P	$SEM-ETE	$SEM-HIVER	$WE-ETE	$WE-HIVER
1	5	10	X	—	300	300	100	100

6 CHAUDIERE-APPALACHES

F M0.5 R12

In the tranquillity of a small village, you will find two comfortable little houses near a dairy farm. Each season brings relaxation. Ideal site for cyclists. Not to miss: St-Jean-Port-Joli, Île-aux-Grues, Grosse-Île...Nearby: summer theatres, museums, galleries...

From Québec City, Hwy. 20 East, Exit 400. Rte. 285 South to St-Marcel. Rue Taché, turn left.

LA MARCELINE
Marc-Aurèle Dancause
68 Taché est, route 216
St-Marcel-de-l'Islet G0R 3R0
(418)356-2728

J F M A M J J A S O N D

Dans la tranquillité d'un petit village s'offre à vous deux jolies maisons confortables près d'une ferme laitière. Chaque saison vous apporte détente, loisirs et paysages enchanteurs. Site idéal pour les cyclistes. À voir: St-Jean-Port-Joli, Ile-aux-Grues, Grosse Ile. Tout près: théâtres d'été, musées, galeries...

De Québec, aut. 20 est, sortie 400. Rte 285 sud jusqu'à St-Marcel. Rue Taché, tourner à gauche.

#	CH	PERS	F	P	$SEM-ETE	$SEM-HIVER	$WE-ETE	$WE-HIVER
1	3	6	—	—	250	275	100	110
2	4	8	—	—	300	325	120	130

7 COEUR DU QUÉBEC F a M0.2 ℜ0.2

Very comfortable, fully equipped house for friend, family, or work meetings. Outdoor activities all year round. Organic raspberries. Théâtre de la Chèvrerie nearby. Lower prices for smaller groups.

From Montréal, Hwy. 20 East, Exit 228 towards Princeville. Rte. 263 South to St-Fortunat. Or from Québec City, Hwy. 20 West, Exit 235 towards Princeville, Rte. 263 South to St-Fortunat.

LA MAISONNÉE CLÉ EN MAIN
Mario Marcoux
171 Principale
St-Fortunat G0P 1G0
(819) 344-5506

J F M A M J J A S O N D

Maison très confortable et toute équipée pour les amis, la famille ou les réunions de travail. Activités de plein air en toutes saisons. Framboisière biologique. Théâtre de la Chèvrerie à proximité. Aussi tarifs de location réduits pour plus petit groupe.

De Montréal, aut. 20 est, sortie 228 direction Princeville. Rte 263 sud jusqu'à St-Fortunat. Ou de Québec, aut. 20 ouest, sortie 235 direction Princeville, rte 263 sud jusqu'à St-Fortunat.

#	CH	PERS	F	P	$SEM-ÉTÉ	$SEM-HIVER	$WE-ÉTÉ	$WE-HIVER
1	4	8	X	—	480	480	240	240

8 COEUR DU QUÉBEC F ♿ M1.6 ℜ1.6

In wild and majestic surroundings, 12 km from Plessisville, 2 cabins on the shores of Lake Miller. Electric heating, television set, rowboats available. Pool with near cabins. For fresh air, calm and rest, this is the place.

From Montréal, Hwy. 20 East, Exit 253. At Plessisville, Rte. 265 South. Drive 12 km and turn left towards St-Pierre-Baptiste. Drive 1.2 km, turn right on Rang 10 South.

Rita Desloges
450, 10e rang sud
St-Pierre-Baptiste G0P 1K0
(418) 453-7720

J F M A M J J A S O N D

Dans un environnement sauvage d'une grande beauté, à 12 km de Plessisville, 2 chalets au bord du lac Miller. Chauffage électrique, téléviseur, chaloupes disponibles. Piscine avec dôme près des chalets. Pour l'air pur, le calme et le repos, c'est ici.

De Montréal, aut. 20 est, sortie 253. À Plessisville prendre rte 265 sud. Faire 12 km et tourner à gauche en direction de St-Pierre-Baptiste. Faire 1.2 km, tourner à droite au rang 10 sud.

#	CH	PERS	F	P	$SEM-ÉTÉ	$SEM-HIVER	$WE-ÉTÉ	$WE-HIVER
1	1	5	—	—	285	285	110	110
2	2	6	X	—	305	305	110	110

9 ESTRIE

F ♿ 🚗 M5 ℜ5

Thirty minutes from Mont-Orford, comfortable house for relaxing or for meetings. Hunting and fishing possible for travellers. Interesting home in a changing agricultural area. Observation of farm activities for those interested.

From Montréal, Hwy. 10 East, Exit 121. Hwy. 55 South, Exit 21, Rte. 141 South to Coaticook. After the first traffic light, turn right on Rue Cutting, first farm on the left.

SÉJOUR NADEAU
Gisèle et Fernand
616 chemin Nadeau
Coaticook J1A 2S2
(819) 849-3486

J F M A M J J A S O N D

À 30 minutes du Mont-Orford, maison confortable pour le repos ou vos réunions. Chasse et pêche possible pour les vacanciers. Site à découvrir dans un milieu mouvementé en agriculture. Observation et participation aux activités de la ferme à ceux qui le désirent.

De Montréal, aut. 10 est, sortie 121. Aut. 55 sud, sortie 21, rte 141 sud jusqu'à Coaticook. Après le 1er feu de circulation, tourner à droite sur rue Cutting, 1ère ferme à gauche.

#	CH	PERS	F	P	$SEM-ÉTÉ	$SEM-HIVER	$WE-ÉTÉ	$WE-HIVER
1	3	10	—	—	400	400	200	200

10 ESTRIE

F M10

A small cabin in the woods and near 2 artificial lakes. Beautiful region waiting to be discovered. Many activities. Everything is provided: furnishings, dishes, blankets. Seventy-five acre property at your disposal.

From Montréal, Hwy. 10 East, Hwy. 55 South, Rte 141 East and Rte. 208 East to Compton. Turn left at Rue Principale. Stop at 63A Rue Principale, and we will take you to the the "maison de campagne".

LES 2 LACS
Bérénice et Gabriel Lapointe
645 chemin Duffy
Compton J0B 1L0
(819) 835-9453

J F M A M J J A S O N D

Petit chalet sous le boisé et près de 2 lacs artificiels. Belle région à découvrir. Nombreuses activités. Tout est fourni: ameublement, vaisselle, couvertures. Terrain de 75 acres à la disposition des vacanciers.

De Montréal, aut. 10 est, aut. 55 sud, rte 141 est et rte 208 est jusqu'à Compton. Tourner à gauche à la rue Principale. S'adresser au 63A rue Principale, on vous conduira à la maison de campagne.

#	CH	PERS	F	P	$SEM-ÉTÉ	$SEM-HIVER	$WE-ÉTÉ	$WE-HIVER
1	1	4	—	—	275	300	90	100

11 ESTRIE F A

Attached to the main house, a little villa: bedroom-loft, large living room with french windows opening onto the garden. Many activities nearby. Depending on the season: $300 to $400\week.

From Montréal, Hwy. 10 East Exit 22. Rtes. 35 South and 133 South to St-Pierre-de-Véronne. Rte. 202 East to 2 km past Bedford, right on Chemin Ridge to the end, left on Chemin des Sapins.

LA BUISSONNIÈRE
Charlotte Garnier
80 chemin des Sapins
Frelighsburg J0J 1C0
(514)248-3605/(514)279-3820

Attaché aux dépendances de la maison principale, le petit pavillon: chambre-mezzanine, vaste salon avec portes-fenêtres françaises donnant sur le jardin. De nombreuses activités à proximité. Selon les saisons: de 300$ à 400$/semaine.

De Montréal, aut. 10 est, sortie 22. Rtes 35 sud et 133 sud jusqu'à St-Pierre-de-Véronne. Rte 202 est jusqu'à 2 km après Bedford, à droite chemin Ridge jusqu'au bout, à gauche sur chemin des Sapins.

#	CH	PERS	F	P	$SEM-ÉTÉ	$SEM-HIVER	$WE-ÉTÉ	$WE-HIVER
1	1	4	---	---	400	300	190	190

12 GASPÉSIE f A 🚗 M3 ℜ3

A farmhouse and a small semi-detached house 5 minutes away from the farm and the beach, facing Baie des Chaleurs. Go for a walk in the fields, pick wild fruit, or come feed the chickens on the farm. Near a playground and a mini-golf course.

From Québec City, Hwy. 20 East, Rte. 132 East towards Matapédia to Hope West. 1 km after the "Roland Roussy" garage, turn left. 100 km West of Percé.

LA FERME MACDALE
Anne et Gordon MacWhirter
365 route 132
Hope West, Paspébiac
G0C 2K0
(418) 752-5270

Une maison de ferme et une petite maison semi-détachée situées à 5 min. de marche de la ferme et de la plage, face à la Baie des Chaleurs. Faites une randonnée dans les champs, cueillez des fruits sauvages ou venez nourrir les poules à la ferme. Près d'un terrain de jeux et d'un mini-golf.

De Québec, aut. 20 est, rte 132 est direction sud vers Matapédia jusqu'à Hope West. 1 km après le garage «Roland Roussy», à votre gauche. 100 km à l'ouest de Percé.

#	CH	PERS	F	P	$SEM-ÉTÉ	$SEM-HIVER	$WE-ÉTÉ	$WE-HIVER
1	4	8	---	---	350	350	200	200
2	1	4	---	---	250	250	120	120

13 GASPÉSIE

F a ♿ 🚗 M1 ℜ0.5

At the edge of the ocean, three magnificent fully equipped cabins will provide all that's necessary for you to relax. Falling asleep and waking up to the sound of the waves, watching the sun rise and set on the water, all this and more awaits you.

From Québec City, Hwy. 20 East, Rte. 132 East to Petite-Vallée. After the "Coukerie", at the entrance to the village, take the first road on the right. At the fork, turn left.

LA MAISON LEBREUX
Denise Lebreux
2 Longue Pointe
Petite-Vallée G0E 1Y0
(418) 393-2662

J F M A M J J A S O N D

En bordure de mer, trois magnifiques chalets entièrement équipés vous procureront la détente désirée. Vous endormir et vous réveiller au bruit des vagues, surprendre le coucher ou le lever du soleil sur la mer; voilà ce qui vous attend ici.

De Québec, aut. 20 est, rte 132 est jusqu'à Petite-Vallée. Après la «Coukerie», à l'entrée du village, prendre la 1ère rue à gauche. À l'embranchement, tourner à gauche.

#	CH	PERS	F	P	$SEM-ÉTÉ	$SEM-HIVER	$WE-ÉTÉ	$WE-HIVER
1	1	4	—	—	450	300	150	150
2	1	4	—	—	450	300	150	150
3	1	4	—	—	450	300	150	150

14 LAURENTIDES

f A M6 ℜ5

Quiet fully equipped mobile home on dairy farm with many small animals. Go horseback riding in summer or on sleigh rides in winter, all within walking distance. Many different things to do. All children welcome. Our boys are 9, 7 and 2 years old.

From Montréal, Hwy. 15 North, Rte. 158 towards Lachute, becomes Rte. 148 in Lachute. Turn left after Lachute on Montée Robert. Drive 3 km. Turn right on Montée Fuller.

FERME McCAIG
Debbie et Ross McCaig
44 Montée Fuller R.R. #1
St-Philippe-d'Argenteuil
J0V 2A0
(514) 562-8649

J F M A M J J A S O N D

Charmante maison mobile située sur une ferme laitière où vivent de nombreux petits animaux. Sur place: équitation en été, promenades en traîneau en hiver. Les enfant sont les bienvenus. Nous avons trois garçons de 9 ans, 7 ans et 2 an.

De Montréal, aut. 15 nord, rte 158 ouest vers Lachute qui devient rte 148. Après Lachute, à gauche sur Montée Robert et faire 3 km. À droite sur Montée Fuller.

#	CH	PERS	F	P	$SEM-ÉTÉ	$SEM-HIVER	$WE-ÉTÉ	$WE-HIVER
1	3	5	—	—	200	200	90	90

15 MANICOUAGAN F a M11 ℜ11

Near the old lighthouse, right on the beach. Magnificent log cabin. New and luxurious. Two bedrooms, bathroom. Sofa-bed in the living room. Complete kitchenette. Colour T.V.

From Québec City, Rte. 138 East. 4 km West of Baie-Trinité, a secondary road leads to the parking lot of the Vieux Phare of Pointe-des-Monts.

LE GÎTE DU PHARE DE POINTE DES MONTS
Chemin du Vieux Phare de Pointe-des-Monts
Baie-Trinité G0H 1A0
(418)589-8408\(418)939-2332

J F M A M J J A S O N D

Près du vieux phare, directement au bord de la plage. Magnifique chalet en bois rond: neuf et luxueux, 2 chambres, salle de bain, divan-lit dans salle de séjour, cuisinette complète, T.V. couleur.

De Québec, rte 138 est. À 4 km à l'ouest de Baie-Trinité, une route secondaire mène au stationnement du Vieux Phare de Pointe-des-Monts.

#	CH	PERS	F	P	$SEM-ÉTÉ	$SEM-HIVER	$WE-ÉTÉ	$WE-HIVER
1	2	6	---	---	450	300	150	100

16 MANICOUAGAN F a ♿ M6 ℜ1

On the farm: deer, buffalo, boars, sheep, equestrian centre, fishing spring, tennis, sugar shack, maple products, guided tours. Nearby: Salmon and Saguenay Rivers, whale watching expeditions, trails, nature. Family welcome. Prices include P.S.T.

From Tadoussac, Rtes 138 and 172 North. 60 metres from the road stop towards Chicoutimi. Sign for "Ferme 5 Etoiles". Or from Chicoutimi, Rte. 172 South.

FERME 5 ÉTOILES
Imelda et Claude
465 route 172 nord
Sacré-Coeur G0T 1Y0
(418) 236-4551

J F M A M J J A S O N D

Sur la ferme : élevage de chevreuils, bisons, sangliers, moutons, centre équestre, étang de pêche, tennis, cabane à sucre, produits de l'érable, visite guidée. À proximité : rivières Saumon et Saguenay, croisières aux baleines, sentiers, nature. Les prix incluent la T.P.S.

De Tadoussac, Rtes 138 et 172 nord. 60 mètres de la halte routière vers Chicoutimi. Panneau «Ferme 5 étoiles». Ou de Chicoutimi, rte 172 sud.

#	CH	PERS	F	P	$SEM-ÉTÉ	$SEM-HIVER	$WE-ÉTÉ	$WE-HIVER
1	2	6	X	---	525	395	160	120
2	1	4	---	---	395	295	120	90
3	1	4	---	---	395	295	120	90

17 MONTÉRÉGIE

F A 🚗 M7 ℜ2

On the Ontario border, this cute little house will charm you. Surrounded by agricultural land and trees, it is located on a hill and has a beautiful view. Peace and tranquillity will welcome you. Close by: beaches, golf, equestrian center, polo club.

From Montréal, Hwy. 20 West, Exit 2, towards Rivière Beaudette. Rte. 325 North. 15 km after the bridge, turn left on Rang 7. First farm on your right.

PÉVERIL
Ginette Pageon
3112, 7e rang
Ste-Justine-de-Newton
J0P 1G0
(514) 764-3562

J F M A M J J A S O N D

À la frontière de l'Ontario, cette coquette maison de deux étages vous séduira. Site enchanteur entouré de collines, terres cultivées et boisés. Vous y trouverez paix et tranquillité. Tout près: plages, golf, théâtre d'été, centre équestre.

De Montréal, aut. 20 ouest, sortie 2 vers Rivière Beaudette. Rte 325 nord, faire 15 km. Après le petit pont, à gauche sur le 7e rang. Première ferme à droite.

#	CH	PERS	F	P	$SEM-ÉTÉ	$SEM-HIVER	$WE-ÉTÉ	$WE-HIVER
1	2	4	—	X	300	300	150	150

18 QUÉBEC

F a M1 ℜ0.2

Come observe or participate in the dairy farm activities, visit the maple orchard, or go swimming in the family pool. We will be happy to have you. Our children: 16, 14, and 11 years old.

From Québec City, Hwy. 40 East, towards Ste-Anne-de-Beaupré, Île d'Orléans Exit. After the bridge, at the traffic lights, go straight through, drive 20 km. At St-Jean, we are at 1081 on the hill.

FERME LACHANCE
Francoise Lachance
1081 chemin Royal
St-Jean, Île d'Orléans
G0A 3W0
(418) 829-3259

J F M A M J J A S O N D

Petit chalet et maison mobile en retrait de la ferme sur site paisible à l'Île d'Orléans. Venez observer les activités de la ferme laitière ou y participer, visiter l'érablière ou vous baigner à la piscine familiale. On vous recevra avec plaisir. Nos enfants: 16, 14, 11 ans.

De Québec, aut. 40 est direction Ste-Anne-de-Beaupré, sortie Île d'Orléans. Après le pont, aux feux de circulation, aller tout droit, faire environ 20 km. À St-Jean, c'est au 1081 sur la côte.

#	CH	PERS	F	P	$SEM-ÉTÉ	$SEM-HIVER	$WE-ÉTÉ	$WE-HIVER
1	2	6	—	X	350	275	150	125
2	2	6	—	—	350	275	150	125

19 QUÉBEC F A M0.5 ℛ1

On the bewitched island, on the bank of the St-Lawrence river, real heaven of greenery and flowers. Discover the charm of the place. Swimming in the family pool and many others activities. We will be very happy to welcome you.

From Québec City, Hwy. 40 East towards Ste-Anne de Beaupré, Île d'Orléans Exit. After the bridge, always straight ahead. We are at 5 km past the church.

LA MARÉE DOUCE
Lyette Chedore et Jean Tardif
179 Avenue Royale
St-Laurent, Île d'Orléans
(418) 683-8380

J F M A M J J A S O N D

Sur l'île ensorcelée, au bord du fleuve, paradis de verdure et de fleurs. Découvrez les charmes de l'endroit, le repos, la baignade à la piscine familiale, les promenades à pied ou à vélos et de nombreuses autres activités. Nous serons heureux de vous accueillir.

De Québec, aut. 40 est direction Ste-Anne de Beaupré, sortie Île d'Orléans. Après le pont, toujours tout droit. Nous sommes à 5 km après l'église de St-Laurent.

#	CH	PERS	F	P	$SEM-ÉTÉ	$SEM-HIVER	$WE-ÉTÉ	$WE-HIVER
1	2	3	—	—	250	—	150	—

20 ST-FERRÉOL-LES-NEIGES F A M0.1 ℛ0.5 VS MC

Located at the base of Mont-St-Anne ski Center (30 min. from Québec City or Charlevoix), our 200 year old "country houses" can each accommodate 5 to 12 persons. Equipped with all modern commodities, they also offer double jacuzzi or sauna and a fireplace.

From Québec City towards Ste-Anne-de-Beaupré on Rte 138 East. At Beaupré, Rte 360 towards St-Ferréol-les-Neiges. 1 km passed the ski center, we are on the left, behind the restaurant "Chez Albert".

CHALETS VILLAGE
Gilles Éthier
1813-1853 Ave Royale
St-Ferréol-les-Neiges
G0A 3R0/(418) 650-2030
1-800-461-2030(après 19H00)

J F M A M J J A S O N D

Situées au pied du Mont-St-Anne à 30 min. de la ville de Québec et de Charlevoix, nos maisons de campagne de 200 ans (en pierre, rénovées) accueillent chacune de 5 à 12 pers. Munies de toutes les commodités modernes, elles offrent aussi bain sauna, ou bain tourbillon et foyer.

De Québec, rte 138 est, direction Ste-Anne-de-Beaupré. À Beaupré, rte 360 vers St-Ferréol-les-Neiges. 1 km après le centre de ski, nous sommes situés à gauche sur l'avenue Royale, derrière le restaurant «Chez Albert».

#	CH	PERS	F	P	$SEM-ÉTÉ	$SEM-HIVER	$WE-ÉTÉ	$WE-HIVER
1	5	12	X	X	575	850 - 1 150	475	625
2	4	10	X	X	575	850 - 1 150	475	625

ⓘ GÎTES OFFRANT LES VACANCES À LA FERME
COMPLETE LIST OF FARM HOUSES

		TARIFS/jour	
		2 repas ($)	3 repas ($)
ABITIBI TÉMISCAMINGUE			
Île Nepawa - Ferme Vacances ☎ 819-333-6103 (page 11)	adulte/*adult:* enfant/*children:* enfants seuls/ *child alone:*	28-32 10-20 ---	35-40 15-25 30
BAS ST-LAURENT			
Îsle-Verte - Marie Anna Lafrance ☎ 418-898-3276 (page 14)	adulte/*adult:* enfant/*children:* enfants seuls/ *child alone:*	32 25 ---	35 28 ---
Îsle-Verte - Ferme Côte D'Or ☎ 418-898-6147/418-898-2993 (page 15)	adulte/*adult:* enfant/*children:* enfants seuls/ *child alone:*	27 10 ---	35 25 35
St-Jean-de-Dieu - Ferme Paysagée ☎ 418-963-3315 (page 17)	adulte/*adult:* enfant/*children:* enfants seuls/ *child alone:*	--- --- ---	35 12-30 40
CHAUDIÈRE APPALACHES			
St-Roch-des-Aulnaies - Ferme Piraly ☎ 418-354-2842 (page 32)	adulte/*adult:* enfant/*children:* enfants seuls/ *child alone:*	--- --- ---	40 10-20 ---
COEUR DU QUÉBEC			
Notre-Dame des-Anges - Au Domaine de la Batiscan ☎ 418-336-2619 (page 36)	adulte/*adult:* enfant/*children:* enfants seuls/ *child alone:*	32 25 ---	40 35 40
Ste-Thècle - Ferme Magica ☎ 418-289-2260 (page 38)	adulte/*adult:* enfant/*children:* enfants seuls/ *child alone:*	32 15 ---	35-40 18 ---

		TARIFS/jour	
		2 repas ($)	**3 repas ($)**
ESTRIE			
Ayer's Cliff - Cécile et Robert Lauzier ☎ 819-838-4433 (page 44)	adulte/*adult:* enfant/*children:* enfants seuls/ *child alone:*	35-45 15-20 ---	--- --- ---
Farnham - Ferme Vernal ☎ 514-293-5057 (page 46)	adulte/*adult:* enfant/*children:* enfants seuls/ *child alone:*	30 20 ---	35 22 ---
Notre-Dame-des-Bois - La Chêvrémée ☎ 819-888-2487 (page 49)	adulte/*adult:* enfant/*children:* enfants seuls/ *child alone:*	30 15 ---	35 20 35
Ste-Anne-de la Rochelle - Le Zéphir ☎ 514-539-3746 (page 49)	adulte/*adult:* enfant/*children:* enfants seuls/ *child alone:*	30 10-15 ---	35 22 ---
Ste-Edwidge - Ferme de la Gaieté ☎ 819-849-7429 (page 50)	adulte/*adult:* enfant/*children:* enfants seuls/ *child alone:*	--- --- ---	40 15-30 ---
GASPÉSIE			
Hope-West-Paspébiac - Ferme MacDale ☎ 418-752-5270 (page 57)	adulte/*adult:* enfant/*children:* enfants seuls/ *child alone:*	30 20 ---	35 25 ---
LANAUDIÈRE			
St-Ignace-de-Loyola - R. Grou et S. Manseau ☎ 514-836-1469 (page 71)	adulte/*adult:* enfant/*children:* enfants seuls/ *child alone:*	38 20 ---	--- --- ---

| | | TARIFS/jour | |
		2 repas ($)	3 repas ($)
LAURENTIDES			
St-Jovite - Ferme de la Butte Magique ☎ 819-425-5688 (page 78)	adulte/*adult:* enfant/*children:* enfants seuls/ *child alone:*	40 30 ---	--- --- ---
MONTÉRÉGIE			
Howick - Hazelbrae Farm ☎ 514-825-2390 (page 88)	adulte/*adult:* enfant/*children:* enfants seuls/ *child alone:*	--- --- ---	35 12-30 30-35
Rougement - Lili Turgeon ☎ 514-469-3818 (page 90)	adulte/*adult:* enfant/*children:* enfants seuls/ *child alone:*	35 10-20-30 ---	40 15-25-35 ---
St-Antoine-sur-Richelieu - Antonia et Denis Marchessault ☎ 514-787-2603 (page 90)	adulte/*adult:* enfant/*children:* enfants seuls/ *child alone:*	35 25 ---	40 30 ---
St-Denis-sur-Richelieu - La Laine des Moutons ☎ 514-787-2614 (page 92)	adulte/*adult:* enfant/*children:* enfants seuls/ *child alone:*	33 10-30 ---	38 15-30 20-45
SAGUENAY - LAC ST-JEAN			
Anse-St-Jean - Ferme des Trois Cours d'Eau ☎ 418-272-2944 (page 118)	adulte/*adult:* enfant/*children:* enfants seuls/ *child alone:*	30 15 ---	35 20 15-20
Lac-à la Croix - Céline et Georges Martin ☎ 418-349-2583 (page 120)	adulte/*adult:* enfant/*children:* enfants seuls/ *child alone:*	32 16 ---	--- --- ---

TABLEAUX DES

ACTIVITÉS

ACTIVITY

CHARTS

TABLEAUX DES ACTIVITÉS *ACTIVITY CHARTS*

Les tableaux qui suivent indiquent les activités pouvant être pratiquées à moins de 30 minutes en voiture de chacun des gîtes. Dans certains cas les activités sont offertes par le propriétaire du gîte. Les numéros à gauche du tableau réfèrent à la numérotation des gîtes utilisées dans le guide.

The following charts show activities available within a 30 minute drive of the Gîte. Certain activities are provided by the hosts. The number on the left corresponds to the Gîte's number in the guide.

	Galerie d'art, musée / Art gallery, museum	Théâtre d'été / Summer theatre	Croisière / Boat cruise	Baignade / Swimming	Golf	Piste ou voie cyclable / Cycling path	Initiation aux activités de ferme / Introduction to farming activities	Équitation / Horseback riding	Centre de ski alpin / Downhill ski center	Sentier de ski de randonnée / Cross-country ski trail	PAGE
ABITIBI-TÉMISCAMINGUE											p 10
1 Île Nepawa				●			●	●		●	p 11
BAS ST-LAURENT											p 12
1 Bic	●	●			●	●		●		●	p 13
2 Dégelis			●	●	●	●		●	●	●	p 13
3 Kamouraska	●	●		●	●	●					p 13
4 Kamouraska	●	●		●	●	●					p 14
5 Kamouraska	●	●		●	●	●			●	●	p 14
6 L'Isle-Verte	●	●	●		●	●		●	●	●	p 14
7 L'Isle-Verte	●	●		●	●	●	●	●	●	●	p 15
8 Rivière-du-Loup	●	●	●	●	●			●			p 15
9 Rivière-Ouelle	●	●		●	●	●		●	●	●	p 15
10 St-Alexandre, Kamouraska	●	●	●	●	●	●		●	●	●	p 16
11 St-Fabien-sur-Mer	●	●		●	●	●		●	●	●	p 16
12 St-Gabriel, Rimouski				●	●		●	●	●	●	p 16
13 St-Jean-de-Dieu		●		●	●	●		●			p 17
14 St-Mathieu, Rimouski	●	●	●	●	●	●			●	●	p 17
15 St-Simon, Rimouski	●	●	●	●	●	●			●	●	p 17
16 Ste-Luce	●	●		●	●	●			●	●	p 18
17 Trois-Pistoles	●	●	●	●	●	●					p 18
18 Trois-Pistoles	●	●	●	●	●	●			●	●	p 18
CHARLEVOIX											p 20
1 Baie St-Paul	●	●	●	●	●	●		●	●	●	p 21
2 Baie St-Paul	●	●		●	●	●	●	●	●	●	p 21
3 Baie St-Paul	●	●		●	●	●		●	●	●	p 21
4 Baie St-Paul	●				●			●	●	●	p 22
5 Baie Ste-Catherine		●	●	●	●			●			p 22
6 Cap-à-l'Aigle	●			●	●						p 22
7 Cap-à-l'Aigle	●	●		●	●	●		●	●	●	p 23
8 Cap-à-l'Aigle	●	●	●	●	●			●	●	●	p 23
9 Clermont	●	●	●	●	●				●	●	p 23
10 Île-aux-Coudres	●	●				●				●	p 24
11 Les Éboulements	●	●	●	●	●			●			p 24
12 Les Éboulements	●	●	●	●	●			●	●	●	p 24
13 St-Irénée	●	●		●	●	●			●	●	p 25
14 St-Siméon	●	●		●	●			●			p 25
15 Ste-Agnès	●	●		●	●				●	●	p 25

	Galerie d'art, musée / Art gallery, museum	Théâtre d'été / Summer theatre	Croisière / Boat cruise	Baignade / Swimming	Golf	Pistes ou voies cyclables / Cycling paths	Initiation aux activités de ferme / Introduction to farming activities	Équitation / Horseback riding	Centre de ski alpin / Downhill ski center	Sentiers de ski de randonnée / Cross-country ski trail	PAGE
CHAUDIÈRE-APPALACHES											p 27
1 L'Islet-sur-Mer	●	●	●	●	●	●		●		●	p 28
2 Montmagny	●		●	●	●				●	●	p 28
3 St-Benjamin, Beauce	●	●		●	●				●	●	p 28
4 St-Georges, Beauce	●	●		●	●				●	●	p 29
5 St-Honoré, Beauce	●	●		●	●		●	●	●	●	p 29
6 St-Jean-Port-Joli	●	●	●	●	●	●		●	●	●	p 29
7 St-Jean-Port-Joli	●	●		●	●	●		●			p 30
8 St-Michel, Bellechasse	●	●	●	●	●	●		●	●	●	p 30
9 St-Michel, Bellechasse	●	●	●	●	●	●		●	●	●	p 30
10 St-Michel, Bellechasse	●	●	●	●	●	●					p 31
11 St-Rédempteur	●	●	●	●	●		●	●		●	p 31
12 St-Roch-des-Aulnaies	●	●	●	●	●						p 31
13 St-Roch-des-Aulnaies	●	●		●	●			●	●	●	p 32
14 Ste-Justine, Dorchester		●			●				●	●	p 32
CŒUR DU QUÉBEC											p 34
1 Drummondville	●			●	●	●		●			p 35
2 Grandes-Piles	●	●	●	●	●	●		●	●	●	p 35
3 Notre-Dame-de-Pierreville	●	●	●	●	●	●					p 35
4 Notre-Dame-de-Pierreville	●	●	●	●	●	●	●	●		●	p 36
5 Notre-Dame-des-Anges					●		●	●		●	p 36
6 Pointe-du-Lac	●	●		●	●	●				●	p 36
7 St-Germain-de-Grantham	●	●		●	●					●	p 37
8 St-Pierre-les-Becquets		●		●	●			●			p 37
9 St-Sévère	●	●	●	●	●				●	●	p 37
10 Ste-Thècle	●	●	●	●	●			●	●	●	p 38
DUPLESSIS											p 39
1 Havre St-Pierre	●	●	●	●		●				●	p 40
2 Longue-Pointe-de-Mingan	●		●	●							p 40
3 Longue-Pointe-de-Mingan	●		●	●		●					p 40
4 Magpie, Rivière St-Jean			●	●		●					p 41
5 Mingan	●		●	●							p 41
6 Natashquan				●							p 41
7 Rivière-au-Tonnerre	●		●	●		●					p 42
ESTRIE											p 43
1 Ayer's-Cliff	●	●	●	●	●	●	●	●	●	●	p 44
2 Bedford	●	●	●	●	●	●		●	●	●	p 44
3 Bishopton	●			●	●	●	●	●	●	●	p 44
4 Bromont		●		●	●	●		●	●	●	p 45
5 Bromont	●	●		●	●	●		●	●	●	p 45
6 Danville	●	●		●	●	●		●	●	●	p 45
7 Dunham	●			●	●	●		●	●	●	p 46
8 Farnham	●	●		●	●		●	●	●	●	p 46
9 Kingsbury	●	●		●	●				●	●	p 46
10 Kingsbury	●	●		●	●				●	●	p 47
11 Lac Mégantic	●	●	●	●	●				●	●	p 47
12 Magog	●	●		●	●	●		●	●	●	p 47
13 Magog	●	●	●	●	●			●	●	●	p 48
14 Mansonville	●			●	●	●		●	●	●	p 48
15 North-Hatley	●		●	●	●	●		●	●	●	p 48
16 Notre-Dame-des-Bois		●		●	●	●	●			●	p 49
17 Pike-River				●	●	●	●	●		●	p 49
18 Ste-Anne-de-la-Rochelle	●	●		●	●		●	●	●	●	p 49
19 Ste-Edwidge				●	●		●	●		●	p 50
20 Sutton	●	●		●	●	●		●	●	●	p 50
21 Waterloo	●	●		●	●	●		●	●	●	p 50
22 Waterloo	●	●	●	●	●	●		●	●	●	p 51
23 Wottonville	●			●	●			●		●	p 51

	Galerie d'art, musée / Art gallery, museum	Théâtre d'été / Summer theatre	Croisière / Boat cruise	Baignade / Swimming	Golf	Piste ou voie cyclable / Cycling path	Initiation aux activités de ferme / Introduction to farming activities	Équitation / Horseback riding	Centre de ski alpin / Downhill ski center	Sentier de ski de randonnée / Cross-country ski trail	PAGE
GASPÉSIE											
1 Anse-au-Griffon	●	●	●	●		●		●			p 54
2 Bonaventure, Thivierge	●		●	●		●	●		●	●	p 55
3 Cap-aux-Os, Forillon	●	●	●	●		●		●			p 55
4 Cap-aux-Os, Forillon	●	●	●	●		●		●	●	●	p 56
5 Cap-Chat		●		●	●			●			p 56
6 Causapscal	●			●	●	●		●	●	●	p 56
7 Gaspé	●	●	●	●	●			●	●	●	p 57
8 Grand-Métis	●			●	●						p 57
9 Hope-West, Paspébiac	●	●	●	●	●	●	●	●			p 57
10 La Martre	●			●	●	●		●	●	●	p 58
11 Les Boules		●	●	●	●			●			p 58
12 Madeleine-Centre		●		●							p 58
13 Maria	●	●	●	●	●	●	●		●		p 59
14 Matane	●	●	●	●	●	●		●	●	●	p 59
15 Matane	●	●	●	●	●	●		●	●	●	p 59
16 Matane, St-Ulric	●	●	●	●	●	●		●	●	●	p 60
17 Matapédia	●			●				●	●	●	p 60
18 New-Carlisle	●			●	●	●					p 60
19 New-Carlisle	●	●	●	●	●	●	●		●	●	p 61
20 New-Richmond	●	●	●	●	●	●			●	●	p 61
21 Nouvelle	●	●	●	●	●	●		●			p 61
22 Percé	●	●	●	●	●	●					p 62
23 Percé	●	●	●	●	●						p 62
24 Percé	●	●	●	●	●						p 62
25 Petite Vallée		●		●						●	p 63
26 Pointe-à-la-Croix	●			●					●	●	p 63
27 Rivière-à-Claude				●	●						p 63
28 St-Octave-de-Métis	●	●	●	●	●			●	●	●	p 64
29 Ste-Angèle-de-Mérici	●	●	●	●	●	●		●	●	●	p 64
30 Ste-Anne-des-Monts		●	●	●	●			●	●	●	p 64
31 Ste-Flavie	●	●		●	●	●					p 65
32 Ste-Flavie	●		●	●	●	●				●	p 65
33 Ste-Flavie	●	●	●	●	●	●				●	p 65
34 Val-Brillant		●	●	●	●		●				p 66
ILES-DE-LA-MADELEINE											p 67
1 Étang-du-Nord	●	●	●	●	●	●		●			p 68
2 Fatima	●		●	●	●			●			p 68
3 Fatima	●	●	●	●	●			●		●	p 68
LANAUDIÈRE											p 69
1 Joliette	●	●		●	●	●				●	p 70
2 L'Assomption	●			●	●	●					p 70
3 St-Donat		●	●	●	●	●			●	●	p 70
4 St-Gabriel-de-Brandon		●			●	●		●			p 71
5 St-Ignace-de-Loyola	●		●		●	●	●				p 71
6 St-Michel-des-Saints				●	●	●		●	●	●	p 71
7 Terrebonne	●	●			●	●		●		●	p 72
LAURENTIDES											p 73
1 Boisbriand	●	●		●	●	●		●	●	●	p 74
2 Labelle				●	●	●		●	●	●	p 74
3 Lac-Carré		●	●	●	●	●		●	●	●	p 74
4 Lac-Carré		●	●	●	●	●		●	●	●	p 75
5 Lac Nominingue	●			●	●	●			●	●	p 75
6 La Conception, Lac Xavier			●	●	●	●		●			p 75
7 Lac Supérieur	●	●		●	●	●		●	●	●	p 76
8 L'Annonciation	●			●	●	●		●	●	●	p 76
9 Mont-Tremblant	●	●	●	●	●	●		●	●	●	p 76
10 St-Adolphe-d'Howard	●	●	●	●	●	●		●	●	●	p 77

	Galerie d'art, musée / Art gallery, museum	Théâtre d'été / Summer theatre	Croisière / Boat cruise	Baignade / Swimming	Golf	Piste ou voie cyclable / Cycling path	Initiation aux activités de ferme / Introduction to farming activities	Équitation / Horseback riding	Centre de ski alpin / Downhill ski center	Sentier de ski de randonnée / Cross-country ski trail	PAGE
11 St-Canut, Mirabel	●	●	●	●	●	●	●	●	●	●	p 77
12 St-Faustin		●	●	●	●	●		●	●	●	p 77
13 St-Jérôme	●	●	●	●	●			●	●	●	p 78
14 St-Jovite		●	●	●	●	●	●	●	●	●	p 78
15 St-Sauveur, Vallée		●	●	●	●			●	●	●	p 78
16 Val-David	●	●	●	●	●	●			●	●	p 79
17 Val-David	●	●	●	●	●			●	●	●	p 79
18 Val-Morin		●	●	●	●				●	●	p 79
LAVAL											p 81
1 Laval-des-Rapides	●			●	●	●					p 82
2 St-Vincent-de-Paul	●			●	●	●					p 82
MANICOUAGAN											p 83
1 Baie Trinité	●		●								p 84
2 Godbout	●		●	●		●					p 84
3 Sacré-Coeur		●	●	●	●			●			p 84
4 Sacré-Coeur		●	●	●	●	●	●	●		●	p 86
5 Sacré-Coeur		●	●	●	●	●		●		●	p 86
6 Ste-Anne-de-Portneuf				●						●	p 86
7 Tadoussac		●	●	●	●	●		●			p 86
MONTÉRÉGIE											p 87
1 Howick	●			●	●	●	●			●	p 88
2 Lacolle		●	●	●	●			●		●	p 88
3 Léry	●	●	●		●	●				●	p 88
4 Longueuil	●	●	●		●	●				●	p 89
5 Longueuil	●	●	●	●	●	●				●	p 89
6 Longueuil	●	●	●			●					p 89
7 Rougemont		●		●	●		●	●	●	●	p 90
8 Ste-Antoine-sur-Richelieu		●	●	●	●	●	●			●	p 90
9 Ste-Antoine-sur-Richelieu	●	●	●	●	●	●		●	●	●	p 90
10 St-Bernard-de-Lacolle	●			●	●	●				●	p 91
11 St-Blaise	●	●	●	●	●	●		●		●	p 91
12 St-Bruno-de-Montarville	●	●	●	●	●	●		●			p 91
13 St-Denis-sur-Richelieu	●	●	●	●	●	●	●			●	p 92
14 St-Jean-sur-Richelieu	●	●	●	●	●	●		●	●	●	p 92
15 St-Pie-de-Bagot		●	●	●	●	●		●	●	●	p 92
16 St-Sébastien		●	●	●	●	●				●	p 93
17 Ste-Julie		●	●	●	●	●			●	●	p 93
18 Ste-Justine-de-Newton		●	●	●	●	●			●	●	p 93
MONTRÉAL, Région de											p 96
1 Lasalle	●	●		●	●	●				●	p 97
2 Montréal, centre	●	●	●	●		●				●	p 97
3 Montréal, centre	●	●	●	●		●				●	p 97
4 Montréal, centre	●	●	●	●		●			●	●	p 98
5 Montréal, centre	●	●	●	●	●	●				●	p 98
6 Montréal, centre	●	●	●	●		●				●	p 98
7 Montréal, centre	●	●	●	●		●				●	p 99
8 Montréal, centre	●	●	●	●	●	●				●	p 99
9 Montréal, centre	●					●					p 99
10 Outremont	●	●	●	●		●				●	p 100
11 Outremont	●	●				●					p 100
OUTAOUAIS											p 103
1 Aylmer	●	●	●	●	●	●		●	●	●	p 104
2 Aylmer	●		●	●	●	●			●	●	p 104
5 Hull	●	●	●	●	●	●				●	p 104
7 Lac-des-Plages				●	●				●	●	p 105
8 Lac-des-Plages				●	●	●			●	●	p 105
9 Notre-Dame-de-la-Salette				●	●		●		●	●	p 105
QUÉBEC, Région de											p 107
1 Beauport	●	●	●	●	●	●		●	●	●	p 108
2 Boischatel	●	●	●	●	●	●		●	●	●	p 108

	Galerie d'art, musée / Art gallery, museum	Théâtre d'été / Summer theatre	Croisière / Boat cruise	Baignade / Swimming	Golf	Piste ou voie cyclable / Cycling path	Initiation aux activités de ferme / Introduction to farming activities	Équitation / Horseback riding	Centre de ski alpin / Downhill ski center	Sentier de ski de randonnée / Cross-country ski trail	PAGE
3 Cap Santé		●		●	●	●		●	●	●	p 108
4 Cap Santé	●	●		●	●	●				●	p 109
5 Charlesbourg	●	●	●	●	●	●					p 109
6 Château-Richer	●	●	●	●	●	●				●	p 109
7 Château-Richer	●	●	●	●	●	●		●	●	●	p 110
8 Deschambault	●	●		●	●			●		●	p 110
9 Île d'Orléans, St-Jean	●	●	●	●	●			●	●	●	p 110
10 Île d'Orléans, St-Laurent	●	●	●	●	●				●	●	p 111
11 Île d'Orléans, St-Laurent	●	●	●	●	●					●	p 111
12 Île d'Orléans, St-Laurent	●	●	●	●	●				●		p 111
13 Île d'Orléans, St-Laurent		●	●	●	●				●	●	p 112
14 Île d'Orléans, St-Pierre	●	●	●	●	●	●	●	●	●	●	p 112
15 Île d'Orléans, St-Pierre	●	●	●	●	●	●		●	●	●	p 112
16 L'Ange-Gardien		●	●	●	●	●	●	●	●	●	p 113
17 Québec	●	●	●	●	●	●		●	●	●	p 113
18 Québec	●	●	●	●	●	●		●	●	●	p 113
19 St-Ferréol-les-Neiges	●	●	●	●	●	●		●	●	●	p 114
20 St-Joachim			●	●	●			●	●	●	p 114
21 Stoneham	●		●	●	●	●		●	●	●	p 114
22 Ste-Anne-de-Beaupré	●	●	●	●	●	●		●	●	●	p 115
23 Ste-Foy	●	●	●	●	●	●		●	●	●	p 115
24 Ste-Foy	●	●	●	●	●	●		●	●	●	p 115
SAGUENAY-LAC ST-JEAN											p 117
1 Alma	●		●	●	●	●		●			p 118
2 Anse St-Jean		●	●	●			●	●	●		p 118
3 Anse St-Jean			●	●		●		●	●	●	p 118
4 Chambord	●		●	●	●			●	●	●	p 119
5 Chicoutimi	●		●	●	●	●		●	●	●	p 119
6 Desbiens			●	●	●			●	●	●	p 119
7 La Baie	●	●	●	●	●	●	●	●	●	●	p 120
8 La Baie	●	●	●	●	●	●	●	●	●	●	p 120
9 Lac-à-la-Croix	●		●	●	●	●			●	●	p 120
10 Lac Kénogami		●	●	●	●			●		●	p 121
11 Metabetchouan		●	●	●		●		●	●	●	p 121
12 Petit-Saguenay			●	●				●	●	●	p 121
13 Roberval			●	●	●	●				●	p 122
14 Shipshaw	●	●	●	●	●	●		●	●	●	p 122
15 St-Ambroise	●	●	●	●	●	●		●	●	●	p 122
16 St-Bruno	●	●	●	●	●				●	●	p 123
17 St-Félicien		●	●	●	●				●	●	p 123
18 St-Félicien		●	●	●	●						p 123
19 St-Félicien		●		●	●						p 124
20 St-Félicien	●	●	●	●	●	●		●	●	●	p 124
21 St-Félicien	●	●	●	●	●	●		●	●	●	p 124
22 St-Félicien	●	●	●	●	●	●		●	●	●	p 125
23 St-Félix-d'Otis	●	●	●	●	●	●	●	●	●	●	p 125
24 St-Honoré	●	●	●					●	●	●	p 125
25 St-Prime	●	●	●		●	●				●	p 126
26 Ste-Jeanne-d'Arc				●		●					p 126
27 Ste-Rose-du-Nord	●	●	●	●		●			●	●	p 126

MAISONS DE CAMPAGNE
COUNTRY HOUSES

	Galerie d'art, musée / Art gallery, museum	Théâtre d'été / Summer theatre	Croisière / Boat cruise	Baignade / Swimming	Golf	Piste ou voie cyclable / Cycling path	Initiation aux activités de ferme / Introduction to farming activities	Équitation / Horseback riding	Centre de ski alpin / Downhill ski center	Sentier de ski de randonnée / Cross-country ski trail	PAGE
ABITIBI-TÉMISCAMINGUE											
1 Île Nepawa				•		•		•			P 130
BAS ST-LAURENT											
2 St-Mathieu, Rimouski	•	•	•	•	•	•			•	•	P 130
CHARLEVOIX											
3 St-Irénée	•	•	•	•	•				•	•	P 131
CHAUDIÈRE-APPALACHES											
4 Kinnear's Mills	•			•	•		•		•	•	P 131
5 St-Adalbert	•	•		•	•	•	•	•	•	•	P 132
6 St-Marcel-de-l'islet	•	•		•	•	•	•	•	•	•	P 132
COEUR DU QUÉBEC											
7 St-Fortunat	•	•		•	•			•		•	P 133
8 St-Pierre-Baptiste				•	•				•	•	P 133
ESTRIE											
9 Coaticook	•	•		•	•	•	•	•	•	•	P 134
10 Compton	•	•		•	•	•	•	•	•	•	P 134
11 Frelighsburg				•	•	•			•	•	P 135
GASPÉSIE											
12 Hope-West, Paspébiac	•	•	•	•	•	•	•	•	•	•	P 135
13 Petite-Vallée		•		•						•	P 136
LAURENTIDES											
14 St-Philippe d'Argenteuil	•	•	•	•	•	•	•	•	•	•	P 136
MANICOUAGAN											
15 Baie-Trinité	•		•	•							P 137
16 Sacré-Coeur	•	•	•	•	•		•	•		•	P 137
MONTÉRÉGIE											
17 Ste-Justine-de-Newton		•	•	•	•	•		•	•	•	P 138
QUÉBEC											
18 Île d'Orléans, St-Jean	•	•	•	•	•	•			•	•	P 138
19 Île d'Orléans, St-Laurent	•	•	•	•	•	•					P 139
20 St-Ferréol-les-Neiges	•	•	•	•	•	•		•	•	•	P 139

CARTE DES RÉGIONS DU QUÉBEC
QUÉBEC REGIONS MAP

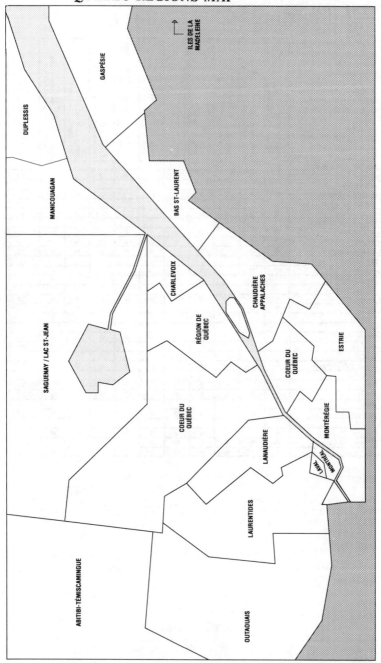

AUX ORGANISATEURS DE GROUPES: LES VILLAGES D'ACCUEIL

FOR GROUPS ORGANIZERS: THE HOST VILLAGES

Les villages d'accueil sont conçus pour des groupes uniquement. Pour plus d'information, contactez directement les villages d'accueil. Ces regroupements n'étant pas membres de la Fédération des Agricotours du Québec, ils ne sont donc pas tenus de répondre aux normes de la Fédération et n'ont pas fait l'objet de visites de contrôle.

The Host Villages are designed uniquely for groups. For more information contact directly each individual center. These centers are not members of the Fédération des Agricotours du Québec and therefore are not subject to their regulations nor to their quality control inspections.

DONNEZ VOS IMPRESSIONS
WE WANT YOUR OPINION

Afin de continuer à améliorer la qualité du réseau et des services offerts, vous pouvez adresser vos commentaires et suggestions à:

In order to improve the quality of our network and services it offers, please send your comments and suggestions to:

FÉDÉRATION DES AGRICOTOURS, C.P. 1000, Succ. M, MONTRÉAL (Qc) H1V 3R2

	Très Satisfaisant Very satisf.	Satisfaisant Satisfactory	Passable Fair	Décevant Disappointing
Hospitalité des hôtes Hospitality from hosts				
Environnement / Surroundings				
Confort / Comfort				
Propreté / Cleanliness				
Repas / Meals				
Itinéraire / Directions				
Réservation Reservation				

Les prix étaient-ils conformes à la publicité?
Were prices as advertised?   Oui / *Yes* ☐   Non / *No* ☐

NOM DE L'ÉTABLISSEMENT / *NAME OF THE ESTABLISHMENT:*

Date de la réservation / *Reservation date:*

Votre nom / *Your name:*

Votre adresse / *Your address*

Âge / *Age*
8-19☐ 20-29☐ 30-39☐ 40-49☐ 50-59☐ +60☐

Profession / *Profession*

Commentaires / *Comments:*

MERCI! / *THANKS!*

DONNEZ VOS IMPRESSIONS
WE WANT YOUR OPINION

Afin de continuer à améliorer la qualité du réseau et des services offerts, vous pouvez adresser vos commentaires et suggestions à:

In order to improve the quality of our network and services it offers, please send your comments and suggestions to:

FÉDÉRATION DES AGRICOTOURS, C.P. 1000, Succ. M, MONTRÉAL (Qc) H1V 3R2

	Très Satisfaisant *Very satisf.*	Satisfaisant *Satisfactory*	Passable *Fair*	Décevant *Disappointing*
Hospitalité des hôtes *Hospitality from hosts*				
Environnement / *Surroundings*				
Confort / *Comfort*				
Propreté / *Cleanliness*				
Repas / *Meals*				
Itinéraire / *Directions*				
Réservation *Reservation*				

Les prix étaient-ils conformes à la publicité?
Were prices as advertised?   Oui / *Yes* ☐   Non / *No* ☐

NOM DE L'ÉTABLISSEMENT / *NAME OF THE ESTABLISHMENT:*

Date de la réservation / *Reservation date:*

Votre nom / *Your name:*

Votre adresse / *Your address*

Âge / *Age*
8-19☐ 20-29☐ 30-39☐ 40-49☐ 50-59☐ +60☐

Profession / *Profession*

Commentaires / *Comments:*

MERCI! / *THANKS!*

156

BON DE COMMANDE POUR LA PROCHAINE ÉDITION (1993)
ORDER FORM FOR THE NEXT EDITION (1993)

Je désire recevoir le(s) guide(s) suivant(s) pour 1993:
Please send me the following guide(s) for 1993:

	Qtée / Qty		Total
Gîtes du Passant, Gîtes à la Ferme et Maisons de Campagne	_____	7.95$	_____ $
Best Bed & Breakfasts in Québec (including Farm Houses & Country Houses)	_____	7.95$	_____ $
Tables Champêtres et Promenades à la Ferme au Québec	_____	4.95$	_____ $
Taxe sur les Produits et Services *(GST)*		7 %	_____ $
TOTAL CI-JOINT *TOTAL AMOUNT ENCLOSED*			_____ $

NOM / *NAME:*
_____

ADRESSE / *ADDRESS:*
_____

VILLE / *CITY*
_____

CODE POSTAL / *POSTAL CODE*   **TÉLEPHONE /** *PHONE NUMBER*
_____   _____

☐ VISA   ☐ MASTER CARD   # _____ Exp: _____

Signature: _____

☐ Ci-joint un chèque ou un mandat fait à l'ordre de:
  Enclosed is a cheque or money order payable to:

DISTRIBUTION ULYSSE
4176 St-Denis
Montréal (Qc) H2W 2M5

LECTURES RECOMMANDÉES
SUGGESTED READING

COLLECTIF, American Express Pocket Guide: Toronto, Montreal & Quebec City, Prentice Hall Press, New York, 1991.

COLLECTIF, Fodor's Montreal & Quebec City 92, Fodor's Travel Publications, New York, 1992, 256 p.

COLLECTIF, Frommer's City Guide: Montreal & Quebec City, Simon & Shuster, New York.

COLLECTIF, Guide plein air du Québec, TCI, Montréal, 1991, 188 p.

COLLECTIF, Guide de voyage Ulysse: Québec, Éditions Ulysse, Montréal, 1992, 320 p.

COLLECTIF, Montréal en Métro, Éditions Ulysse, Montréal, 1992, 300 p. (English version available).

COLLECTIF, Montréal Nuit et Jour, Éditions Ulysse, Montréal, 1992, 144 p. (English version available).

COLLECTIF, Québec La Belle Province, Bramley Books, Surrey, 1991, 144 p. (Bilingual edition).

GOSSELIN, Isabel, Québec Nuit et Jour, Éditions Ulysse, Montréal, 1992, 144 p.

GRENIER, Cécile, WOLFE, Joshua, Explorer Montréal, Libre Expression, Montréal, 1990, 349 p.

TARD, Louis-Martin, Au Québec, coll. "Guides Hachette Visa", Hachette, Paris, 1990, 205 p.

TARD, Louis-Martin, Guide de promenades à pied dans le vieux Québec, coll. "Collection Guide", Guérin littérature, Montréal, 1989, 111 p.

* *Ces ouvrages sont disponibles chez Ulysse, la librairie du voyage*
* *These titles are available at Ulysses Travel Bookshop*

INDEX *(Gîtes du Passant)*

Je dois vous féliciter pour la belle initiative du gîte du passant car mon épouse et moi avons fait le tour de la Gaspésie avec cette formule. Étant des habitués des motels, mon épouse m'avait précisé qu'elle ne voulait rien savoir des gîtes du passant. Après une nuit dans un gîte, ce qui devait arriver, arriva. Nous nous sommes hébergés dans les gîtes tous les soirs tellement on a adoré la formule. Les gens étaient très accueillants et le voyage très enrichissant. Encore une fois bravo !

St-Hubert

Achevé   Imprimerie
d'imprimer Gagné Ltée
au Canada Louiseville